Jürgen Bona Meyer

Fichte, Lassalle und der Sozialismus

Jürgen Bona Meyer

Fichte, Lassalle und der Sozialismus

ISBN/EAN: 9783743652408

Hergestellt in Europa, USA, Kanada, Australien, Japan

Cover: Foto ©Suzi / pixelio.de

Weitere Bücher finden Sie auf **www.hansebooks.com**

Fichte, Lassalle

und

der Socialismus.

Von

Jürgen Bona Meyer.

Berlin SW. 1878.

Verlag von Carl Habel.

(C. G. Lüderitz'sche Verlagsbuchhandlung.)

33. Wilhelm-Straße 33.

(Nach einem zu Hamburg für den Verein für Kunst und Wissenschaft am 9. November d. J. und zuvor im Bonner Bildungsverein, nachher im Kölner Volksbildungsverein gehaltenen Vortrag.)

Für die Redaction verantwortlich: Dr. Fr. v. Holtzendorff in München.

Nichts wohl hat in diesem Jahre unser Aller Gedanken so lebhaft erregt, wie das erschreckende Hervortreten der in unserem Volke verbreiteten socialistischen Ideen und ihrer Gefahr drohenden Wirkungen. Ein Jeder von uns wird sich demzufolge mehr mit dem Gegenstande beschäftigt haben als sonst. Bei einer solchen Beschäftigung nun mit den heutigen socialistischen Ideen und Forderungen drängte sich mir unwillkürlich eine gewisse Aehnlichkeit mit den socialistischen Utopieen des Philosophen Fichte auf. Auch kam mir in Erinnerung, daß der Urheber unserer deutschen Socialdemokratie, Lassalle im Mai 1862 bei der Fichtefeier in Berlin für die dortige Philosophische Gesellschaft und den Wissenschaftlichen Kunstverein die Festrede gehalten hat, die dann unter dem Titel „die Philosophie Fichte's und die Bedeutung des deutschen Volksgeistes" erschienen ist. In derselben bekundete sich Lassalle als warmen Verehrer des Philosophen. Es schien mir interressant, der Frage nachzugehen, ob etwa Lassalle's Ideen — wenn auch nicht ihren Ursprung aus Fichte genommen, so doch vielleicht einige Förderung und Kräftigung durch Fichte erhalten haben möchten. Und eben das veranlaßte mich, mein Studium der socialpolitischen Schriften Fichte's aufzufrischen.

In Betracht kommen in dieser Richtung besonders folgende seiner Schriften: die 1796 erschienene Grundlage des Naturrechts nach Prinzipien der Wissenschaftslehre — das System der Sittenlehre vom Jahre 1798 — der geschlossene Handelsstaat, ein philosophischer Entwurf vom Jahre 1800 — die Staatslehre, oder über das Verhältniß des Urstaates zum Vernunftreiche vom Jahre 1813, sowie die Politischen Fragmente aus den Jahren 1807 und 1813; nebensächlich auch seine Schrift über die Bestimmung des Menschen vom Jahre 1800 — die Grundzüge des gegenwärtigen Zeitalters vom Jahre 1804 — und seine Reden an die deutsche Nation vom Jahre 1808.

Die erneute Lectüre nun dieser Schriften drängte mir weiter den Gedanken auf, wie ungemein nützlich es sein könne, auch einmal in weiteren Kreisen gerade jetzt auf diese Ideen des Philosophen wieder zurückzuweisen. Was bei den Socialdemokraten unserer Tage meist in mystisches Dunkel gehüllt bleibt, das Bild des Zukunftstaates, den sie ersehnen und herbeizuführen trachten, dieses Bild tritt bei dem Philosophen Fichte in voller klarer Gedankenconsequenz hervor. Da ist kein Schwanken und Zaudern, kein Vertuschen und Verschieben, ungescheut werden die letzten Folgerungen der Grundforderungen gezogen und in vollem Zusammenhange sehen wir nun, wie ein solcher socialistischer Zukunftsstaat aussehen würde, aussehen müßte. Das aber ist ungemein lehrreich und nützlich, denn gerade an diesen äußersten Consequenzen offenbart sich klar das Utopische der socialistischen Grundforderungen, die Unmöglichkeit der Ausführung dieser Ideale, ja die Unmöglichkeit, ihre Ausführbarkeit als freier Mensch auch nur zu wünschen. Und vorzugsweise deshalb schien mir eine allgemeine Betrachtung darüber in weiterem Kreise werthvoll und zeitgemäß zu sein.

Zu diesem Zweck müssen wir zunächst suchen ein zusammenhängendes Bild von dem geschlossenen Ideenkreis Fichte's zu gewinnen. Dann wird ein kurzer Blick auf den Nachklang seiner Ideen bei Lassalle und seinen Anhang zu werfen sein. Eine kritische Betrachtung dieser Utopieen mag den Abschluß bilden.

I.

Bei der Entwickelung seiner Ideen greift der Philosoph Fichte natürlich zurück auf das Urrecht des Menschen und geht dann von dieser Grundlage aus.

Als ein Urrecht des Menschen erscheint ihm das absolute Recht der Person, in der Sinnenwelt nur Ursache zu sein (schlechthin nie Bewirktes). In diesem Urrecht liegt

1. das Recht auf die Fortdauer der absoluten Freiheit und Unantastbarkeit des Leibes (d. i. daß auf ihn unmittelbar garnicht eingewirkt wird);
2. das Recht auf die Fortdauer unseres freien Einflusses auf die gesammte Sinnenwelt.

Wäre nun der Mensch allein, so wäre dies Urrecht in zweiter Richtung unbegrenzt. Lebte ein Mensch auf einer Insel ganz allein, so könnte er mit allen Dingen der Insel thun, was er wollte. Nur, weil Andere da sind, die auch bestehen sollen, hat der Einzelne seine freie Thätigkeit so einzuschränken, daß Alle zusammen bestehen können. Jeder schränkt, da Alle gleich sind, rechtlich die Freiheit jedes Anderen um so viel ein, als dieser die seinige einschränkt. Diese Gleichheit der Beschränkung Aller durch Alle liegt im Rechtsgesetze.

Setzen wir einen Einzelnen wie den Robinson auf eine Insel, so kann derselbe ungehindert auf Alles seinen Einfluß ausüben. Ihm gehört die ganze Jagd im Walde, ihm die ganze Jagd auf die Fische der See'n. Um sich zu orientiren, bezeichnet er nach seinem Belieben die Bäume des Waldes mit Marken. Nun aber kommt ein Zweiter auf die Insel, er braucht eine Hütte und fällt dazu einige der Bäume, welche der Erste bezeichnete. Jetzt kann sich dieser nicht mehr orientiren und empfindet den Eingriff des Anderen als einen Einbruch in sein Rechtsgebiet. Darüber entsteht Streit und diesen Streit vermag nur ein Abkommen beider mit einander über die Abgrenzung ihrer beiderseitigen Rechtssphären zu schlichten.

Auf solchem Abkommen unter den neben einander wohnenden Menschen beruht alle staatliche Ordnung, es ist dies der anzunehmende ursprüngliche Bürgervertrag zur wechselseitigen Zusicherung von Eigenthum und Schutz. Durch ihn wird staatliche Ordnung gegründet.

Erst durch solchen Vertrag wird der Besitz des Einzelnen zu seinem Eigenthum. Der Wille, etwas zu besitzen, ist nur die erste und oberste Bedingung des Eigenthums, nicht die einzige; nöthig ist noch in der Gemeinschaft mit anderen Menschen deren Anerkennung des Besitzes.

Sobald der Mensch in Verbindung mit Anderen gesetzt wird, ist sein Besitz rechtlich, lediglich inwiefern er durch den Anderen anerkannt wird, und dadurch erst erhält er eine äußere gemeinsame, vor der Hand nur ihm und dem Anerkennenden gemeinsame Gültigkeit. Erst dadurch wird der Besitz ein Eigenthum.

Alles Eigenthum gründet sich somit auf wechselseitige Anerkennung und diese ist bedingt durch gegenseitige Declaration.

Das Eigenthum eines bestimmten Gegenstandes — gilt sonach nur für Diejenigen, die dieses Eigenthumsrecht unter sich anerkannt haben, und nicht weiter. Es ist immer möglich und nicht gegen das Recht, daß über Dasjenige, was durch den Anderen oder durch einige Andere mir zuerkannt worden, das ganze übrige Menschengeschlecht Streit mit mir anhebe und es abermals mit mir theilen wolle. Es giebt daher gar kein sicheres und zu äußerem Rechte durchaus beständiges Eigenthum als dasjenige, was von dem ganzen Menschengeschlecht anerkannt ist. Thatsächlich zeigt sich dies an der Unsicherheit des Eigenthums beim Ausbruch eines jeden Krieges; der Feind hat mein Eigenthum durch Vertrag nicht anerkannt.

Durch den Schluß des Bürgervertrages wird der Einzelne Theil eines organisirten Ganzen. Das Ganze ist insofern Eigenthümer des ganzen Besitzes und der Rechte aller Einzelnen und muß nun auch alle Beeinträchtigung derselben ansehen als ihm selbst geschehen, muß also den Einzelnen in seinem Urrechte schützen, ihn gegen Verletzung seines Leibes und gegen Angriff auf das ihm zugestandene Eigenthum bewahren.

Nach welchen Grundsätzen aber soll nun diese Anerkennung des Eigenthums der Einzelnen durch das Ganze (den Staat) erfolgen?

Und giebt es etwa ein festes unveräußerliches Eigenthum eines jeden Menschen?

Auf diese Frage antwortet Fichte bejahend und bezeichnet als solch unveräußerliches Eigenthum, die Forderung — leben zu können oder — wie es im geschlossenen Handelsstaat weiter gehend heißt — angenehm leben zu können.

Die Erreichung dieses Lebenszweckes nun muß durch den Staat garantirt sein, dies ist der Geist des Bürgervertrages in Betreff des Eigenthums. Es muß Grundsatz jeder vernünftigen Staatsordnung sein, daß Jeder von seiner Arbeit soll leben, soll angenehm leben können.

Alle Einzelnen haben mit allen Einzelnen diesen Vertrag geschlossen. Alle haben sonach Allen versprochen, daß ihre Arbeit wirklich das Mittel zur Erreichung dieses Zweckes sein soll, und der Staat muß dafür die nöthigen Anstalten treffen.

Der Zweck aller menschlichen Thätigkeit ist der — leben zu können; und auf diese Möglichkeit zu leben haben Alle, die von der Natur in das Leben gestellt wurden, den gleichen Rechtsanspruch. Die Theilung muß daher zuvörderst so gemacht werden, daß Alle dabei bestehen können. Leben und leben lassen!

Jeder ferner will so angenehm leben als möglich; und da Jeder dies als Mensch fordert und keiner mehr oder weniger Mensch ist als der andere, so haben in dieser Forderung Alle gleiches Recht. Nach dieser Gleichheit ihres Rechtes muß die Theilung gemacht werden, so daß Alle und Jeder so angenehm leben können als es möglich ist, wenn so viele Menschen, als ihrer vorhanden sind, in der vorhandenen Wirkungssphäre neben einander bestehen sollen, also daß Alle ohngefähr gleich angenehm leben können. Können — keineswegs müssen. Es muß nur an Jedem selbst liegen, wenn Einer unangehmer lebt, keineswegs an irgend einem Anderen.

Es muß daher die Absicht des durch Kunst der Vernunft sich annähernden wirklichen Staates sein, Jedem allmählich zu dem Seinigen in dem angezeigten Sinne des Wortes zu verhelfen.

Was folgt nun aus diesem Grundverhältniß?

Alles Eigenthumsrecht gründet sich auf den Vertrag Aller mit Allen, der so lautet: wir Alle behalten dies auf die Bedingung, daß wir Dir das Deinige lassen.

Daraus folgt unbedingt: Jeder muß ein Seiniges haben.

Sobald also Jemand von seiner Arbeit nicht leben kann, ist ihm das, was schlechthin das Seinige ist, nicht gelassen, der Vertrag ist also in Absicht auf ihn völlig aufgehoben und er ist von diesem Augenblicke an nicht mehr rechtlich verbunden, irgend eines Menschen Eigenthum anzuerkennen. Nur gegen die Erlangung seines Antheils und um diesen ungestört zu erhalten thut Einer Verzicht auf den Antheil aller Uebrigen. Wer Nichts ausschließend zu eigen bekommen hat, hat auf Nichts Verzicht gethan; er ist in Absicht des Rechts isolirt, da er nicht mit gerechnet hat, und behält seinen ursprünglichen Rechtsanspruch allenthalben Alles zu thun, was er nur will.

Es ist sonach klar, daß nicht nur der Ackerbauer, sondern jeder Einwohner im Staate ein ausschließendes Eigenthum haben muß, weil man ihn außerdem nicht verbinden kann, das Eigenthumsrecht des Ackerbauers anzuerkennen, ihn rechtlicher Weise nicht verhindern kann, diesen von seinem Acker zu verdrängen und ihn seiner Früchte zu berauben.

Damit nun diese Unsicherheit des Eigenthums durch ihn nicht eintritt, müssen Alle von Rechtswegen und zufolge des Bürgervertrages abgeben von dem Ihrigen, bis er leben kann. Von dem Augenblicke an, da Jemand Noth leidet, gehört Keinem derjenige Theil seines Eigenthums mehr an, der als Beitrag erfordert wird, um Einen aus der Noth zu reißen, sondern er gehört rechtlich dem Nothleidenden an. Es müssen für eine solche Repartition gleich im Bürgervertrag Anstalten getroffen werden. Kurz, wer den Bürgervertrag mit geschlossen hat, hat als Armer ein absolutes Zwangsrecht auf Unterstützung seitens des Staates. Dieses Recht aber hat er nur, sofern er die Bedingung der Arbeit erfüllt. Das Lebenkönnen ist durch Arbeit bedingt.

Da nun Alle verantwortlich sind, daß Jeder von seiner Arbeit leben könne, und ihm beisteuern müssen, wenn er es nicht kann, so haben sie nothwendig auch das Recht der Aufsicht, ob Jeder in seiner Sphäre so viel arbeitet, als zum Leben nöthig ist. Dies Recht der Aufsicht übertragen Alle der für gemeinschaftliche Angelegenheiten verordneten Staatsgewalt. Auf die Hülfe des Staates hat aber Keiner eher rechtlichen Anspruch, als bis er nachgewiesen, daß er in seiner Sphäre alles Mögliche gethan hat, um sich zu erhalten und daß es ihm dennoch nicht möglich gewesen. Wie kein Armer, so soll auch kein Müßiggänger im Vernunftstaate sein.

Der Eigenthumsvertrag im Staate faßt sonach folgende Handlungen in sich:

1. Alle zeigen Allen, und bei Leistung der Garantie dem Ganzen, als einer Gemeine an, wovon sie zu leben gedenken. Dieser Satz gilt ohne Ausnahme. Wer dies nicht anzugeben weiß, kann kein Bürger des Staates sein, denn er kann nie verbunden werden, das Eigenthum der Anderen anzuerkennen.
2. Alle, und bei der Garantie die Gemeine, erlauben Jedem diese Beschäftigung ausschließend in einer gewissen Rücksicht. — Kein Erwerb im Staate ohne Vergünstigung desselben. Jeder muß seinen Erwerb ausdrücklich angeben, und keiner wird sonach Staatsbürger überhaupt, sondern tritt zugleich in eine gewisse Klasse der Bürger, sowie er in den Staat tritt. Nirgends darf eine Unbestimmtheit sein. Das Eigenthum der Objecte besitzt Jeder nur insoweit, als er dessen für die Ausübung seines Geschäftes bedarf.
3. Der Zweck aller dieser Arbeiten ist der, leben zu können. Alle, und bei der Garantie die Gemeine, sind Jedem Bürge dafür, daß seine Arbeit diesen Zweck erreichen wird, und verbinden sich zu allen Mitteln dazu von ihrer Seite. Diese Mittel gehören zu dem vollkommenen Rechte eines Jeden, das ihm der Staat schützen muß.

Der Vertrag lautet in dieser Rücksicht so: Jeder von Allen verspricht, alles ihm Mögliche zu thun, um durch die ihm zugestandenen Freiheiten und Gerechtsame leben zu können; dagegen verspricht die Gemeine, im Namen aller Einzelnen, ihm mehr abzutreten, wenn er dennoch nicht sollte leben können.

Alle Einzeln machen sich für diesen Behuf zu Beiträgen verbindlich, so wie sie es zum Schutze überhaupt gethan haben, und es wird eine Unterstützungs-Anstalt sogleich im Bürgervertrag mit vorgesehen, so wie eine schützende Gewalt errichtet wird.

Der Beitritt zu der ersteren ist, wie der Beitritt zu der letzteren, Bedingung des Eintritts in den Staat. Die Staatsgewalt hat die Oberaufsicht über diesen Theil des Vertrages, sowie über alle Theile desselben, und Zwangsrecht sowohl als Gewalt, Jeden zur Erfüllung desselben zu nöthigen.

Wie nun soll in Zukunft diese Ordnung des Vernunftstaates herbeigeführt werden?

Durch den Bürgervertrag muß zunächst eine Regierung zur Ordnung aller Rechtsverhältnisse eingesetzt werden. Ueber die Natur dieser Regierung hat sich Fichte in seinen Schriften etwas verschieden ausgesprochen. Durchweg aber wird festgehalten, daß im Vernunftstaate natürlich nur die Besten und Klügsten die zur Regierung Berufenen sein können. Der Philosoph Fichte sucht dieselben natürlich wie sein Vorgänger Platon bei denen, die den Beruf haben, weise zu sein, bei dem Lehrstand. Anfangs überwiegt bei ihm die Neigung, diesem Stande als Corporation im Ganzen, dem Ephorate der Alten, eine solche Regierungsaufsicht anheimzustellen, später wächst bei ihm die Neigung, diesem Stande nur die Wahl des Einen Vorzüglichsten unter ihnen zu überlassen, der dann als Regent den Vernunftstaat leiten soll.

Für unsere Betrachtung sind diese Unterschiede seiner Ansichten von geringerer Bedeutung; wichtiger ist es, die Grundsätze in's Auge zu fassen, nach denen im Zukunftsstaate die Vertheilung von Rechten und Gütern vorgenommen werden soll.

Bei den Erwägungen darüber ruft Fichte das moderne Prinzip der Arbeitseintheilung an und geht bei seiner ganzen Staatsordnung grundsätzlich von diesem Prinzipe aus.

Es ist nicht ein bloßer frommer Wunsch für die Menschheit — sagt Fichte —, sondern es ist die unerläßliche Forderung ihres Rechtes und ihrer Bestimmung, daß sie so leicht, so frei, so gebietend über die Natur, so echt menschlich auf der Erde lebe, als es die Natur nur irgend verstattet. Der Mensch soll arbeiten, aber nicht wie ein Lastthier, das unter seiner Bürde in den Schlaf sinkt und nach der nothdürftigen Erholung der erschöpften Kraft zum Tragen derselben Bürde wieder aufgestört wird. Er soll angstlos, mit Lust und Freudigkeit arbeiten, und Zeit übrig behalten, seinen Geist und sein Auge zum Himmel zu erheben, zu dessen Anblick er gebildet ist. Er soll nicht gerade mit seinem Lastthier essen, sondern seine Speise soll von dessen Futter, seine Wohnung von dessen Stalle sich ebenso unterscheiden, wie sein Körperbau von jenes Körperbau unterschieden ist. Dies ist sein Recht, darum weil er nun einmal ein Mensch ist.

Den dazu erforderlichen allgemeinen Wohlstand nun können wir Menschen uns nur durch Arbeit erwerben. Dazu weiter giebt es kein anderes Mittel als Kunst und Kunstfertigkeit, vermittelst welcher die kleinste Kraft, durch zweckmäßige Anwendung, einer tausendfachen Kraft gleich wird. Kunst aber und Kunstfertigkeit entstehen nur durch fortgesetzte Uebung, entstehen dadurch, daß Jeder sein ganzes Leben einem einzigen Geschäft widmet und alle seine Kraft und all sein Nachdenken auf dieses eine Geschäft richtet. Die zum menschlichen Leben nöthigen Arbeitskräfte müssen sonach vertheilt werden. Nur unter dieser Bedingung wirkt die Kraft mit dem höchsten Vortheil.

Diese Arbeitstheilung im Staate sowie die Vertheilung der Einzelkräfte in ihr vorzunehmen, ist somit die erste Aufgabe der Regierung. Sie muß dafür die naturgemäße Scheidung der Lebensverhältnisse zu Grunde legen. Diese nun ergeben sich zunächst daraus, daß Naturproducte erzeugt, daß aus ihnen Kunstproducte verfertigt und daß schließlich beide verhandelt werden müssen, demgemäß muß es einen Stand der Landbauer, der Künstler in weiterem Sinne (Handwerker, Techniker, Fabrikanten eingeschlossen) und der Kaufleute geben. Daneben muß es dann nur noch Staatsbürger geben, welche die übrigen belehren, welche das Ganze vertheidigen und welche den Staat regieren, kurz noch den Stand der Lehrer, Krieger und Beamten, welchen letztere zu oberst aus dem Lehrstand genommen werden.

Die eingesetzte Staatsbehörde, das Ephorat oder der Regent, hat dann im Vernunftstaate nach Maßgabe des Landes und seiner Bedürfnisse die Zahl der den einzelnen Ständen zuzuweisenden Kräfte jeweilig zu bestimmen. Der Maßstab dieser Vertheilung kann ein wechselnder sein. So wird beim Beginn einer neuen Staatsordnung vor Allem die Pflege des Landbau's wichtig sein, weil ein aufzuspeichernder Ueberschuß producirt werden muß, zur Sicherung gegen den geringeren Ertrag schlechter Jahre. Deßhalb ist es rathsam für die Staatsbehörde zuerst dem Stande der Landbauer im Verhältniß zu den übrigen Ständen eine größere Anzahl von Kräften zuzuweisen. Ist dann ein Ueberschuß von Naturproducten aufgespeichert, so ist es umgekehrt rathsam, eine größere Zahl von Künstlern und Kaufleuten zuzulassen oder zu bestimmen, aber wohl noch darauf zu halten, daß zunächst Denjenigen ein Arbeitsfeld geöffnet wird, die das Nothdürftige beschaffen können und erst dann auch Denen, die für das allenfalls Entbehrliche aber doch Angenehme sorgen wollen.

Nach dieser allgemeinen Staatssonderung der Bürger in Stände sind nun weiter innerhalb dieser selbst die bestimmten Arbeitsgebiete abzugrenzen.

Zunächst, weil der Boden die gemeinschaftliche Stütze der Menschheit in der Sinnenwelt, die Bedingung ihres Bestehens im Raume ist, hat die Staatsbehörde die Verhältnisse des Landbaues zu regeln.

Das Gesammteigenthum der dem Staate gehörenden Aecker ist unter Garantie des Staates auf die bestimmte Anzahl Landbauer gleichmäßig zu vertheilen und durch Grenzsteine zu bezeichnen, damit gewisses Recht sei. Jeder Landbauer muß vom Ertrag des zugetheilten Stückes leben können. Kann er das nicht, so muß eine neue Vertheilung stattfinden und ist ihm von Staatswegen zuzulegen, bis er leben kann.

Ob aber Jeder seinen Acker wenigstens in so weit bearbeitet, daß er seinen Unterhalt darauf gewinnen kann, das beaufsichtigt der Staat.

Die vom Landbauer dargebotenen Producte weiter zu bearbeiten, ist Sache der Künstler; diese haben sich lediglich dieser Verarbeitung der Rohproducte zu widmen. Das Recht, dies zu thun, wird einer bestimmten Anzahl Bürger ausschließend zugestanden. Denn — hätten sie kein ausschließendes Recht, so hätten sie kein Eigenthum. Die so ausschließlich Berechtigten bilden eine Zunft. Solche Zünfte müssen dasein, nur die Mißbräuche der bestehenden Zünfte als Ueberbleibsel ehemaliger Barbarei und der allgemeinen Ungeschicklichkeit sollten nicht sein. Die allgemeine Freigebung der Erwerbszweige läuft geradezu gegen den ursprünglichen Eigenthumsvertrag. Dieser Ordnung entsprechend hat natürlich der Staat nicht nur nach bestimmtem Maßstab die Zahl Derer zu bestimmen, die überhaupt sich den Künsten widmen dürfen, sondern auch genau die Zahlen der den einzelnen Künsten Zuzuzuweisenden festzusetzen. Der Regent, vielleicht auch im Namen desselben die Zunft selbst als ein Regierungs-Collegium für diesen Theil der Verwaltung muß berechnen, wie viele Personen von jeder Handthierung leben können, aber auch, wie viele nöthig sind, um die Bedürfnisse des Publikums zu befriedigen. Ferner hat die Staatsbehörde darauf zu halten, daß die Hände der Künstler zunächst auf Fertigung des Unentbehrlichen, dann erst auf Fertigung des Entbehrlichen, aber Angenehmen sich richten. Denn es muß als Unrecht gelten, wenn Einer das Entbehrliche bezahlen kann, indeß irgend Einer seiner Mitbürger das Nothdürftige nicht vorhanden findet.

Dem Vertrage gemäß sind die Künstler verpflichtet, tüchtige Arbeit zu liefern. Die Staatsbehörde ist berechtigt, bei der Zulassung oder Zutheilung zum Künstlerstande zuvor zu prüfen, ob der Betreffende verspricht, dies zu können; er muß mindestens eine ebenso gute Probearbeit liefern, wie seine Zunftgenossen. Auch kann die Behörde einer Zunft das zugestandene ausschließliche Recht wieder entziehen, wenn sie dauernd untüchtige Arbeit liefert. Dagegen garantirt der Staat im andern Falle einem jeden Künstler, daß er von seiner Arbeit leben kann und zwar in verschiedener Weise je nach der Art der Künstler. Es sind nämlich zwei Hauptklassen von Künstlern zu unterscheiden, sogenannte Operarii, die bloß ihre Arbeit aufwenden, und sogenannte Opifices, deren Eigenthum zugleich der Stoff ist, — wir würden etwa sagen — Arbeiter und Handwerker. Den Ersteren nun muß der Staat Arbeit, den Letzteren .muß er den Absatz ihrer Waaren garantiren.

Der Inhalt des Vertrages Aller mit den Künstlern ist also der: Ihr habt zu versprechen, diese Art der Arbeit uns in hinlänglicher Menge und tüchtig zu liefern, wir dagegen versprechen, sie nur von Euch zu nehmen.

Weiter muß nun ein Tausch zwischen Producenten und Fabrikanten stattfinden. Der Producent oder Landbauer erhält gegen seine Producte Arbeit oder Fabrikat des Künstlers, der Künstler gegen diese die Producte des Landbauers. Diesen Tausch muß ebenfalls der Staat reguliren, so daß ein vollkommenes Gleichgewicht im Tausch von Production und Fabrikation hergestellt wird. Dazu hat sich der Staat eines dritten geschlossenen Standes zu bedienen, des Kaufmannsstandes, der dafür zu sorgen hat, daß Jeder sobald als möglich Alles haben kann, dessen er bedarf.

Das Recht Kaufmannschaft zu treiben wird zu dem Zweck einer bestimmten Anzahl von Bürgern, welche die Staatsbehörde zu berechnen hat, ausschließend als ihr Eigenthum im Staate zugestanden, damit sie vom Tauschhandel leben können. Die Anzahl der Kaufleute hängt ab von der Anzahl der beiden anderen Stände und von dem Verhältniß derselben zu einander. Sie ist zu bestimmen nach der Menge der unter der Nation im Umlaufe befindlichen Waaren, zuvörderst also nach dem Zustande der Kunst überhaupt, dann nach der Vertheilung derselben in mehrere Zweige, sowie nach der Vertheilung der Productengewinnung in mehrere Gewerbe. Die Regierung hat den in der Nation stattfindenden Tausch zu berechnen, sowie die Menge von Händen, die er sowohl überhaupt als in den verschiedenen Zweigen desselben, falls eine solche Theilung nöthig befunden wird, beschäftigen werde — sonach den Handelsstand auf eine gewisse Anzahl von Personen einzuschränken, die das Bedürfniß nicht übersteige, unter dasselbe aber auch nicht hinabsinke. Bei der Zulassung zu diesem Stande übt die Regierung auch wieder eine Art Vorprüfung. Niemand wird als Kaufmann angestellt, der nicht Rechenschaft darüber ablegen kann, woher er seine Waaren zu beziehen gedenkt. Ebenfalls steht dem Staate die Aufsicht über die Ausführung des Tauschhandels zu. Durch Gesetz wird genau bestimmt, welche Tauschverträge gültig sind und welche nicht, denn der Staat kann natürlich eine Bürgschaft nur übernehmen für Das, was er kennt.

Der Eigenthumsvertrag zwischen dem Handelsstand und den anderen Ständen besteht demgemäß darin: — daß die letzteren auf jeden unmittelbaren Handel unter einander verzichten und versprechen ihre für den öffentlichen Tausch bestimmten Waaren nur an den Handelsstand zu verkaufen und ihre Bedürfnisse nur ihm abzukaufen, wogegen er verspricht, die ersteren ihnen zu jeder Zeit abzunehmen und die letzteren verabfolgen zu lassen.

Nun aber ist bei diesem Tausch offenbar ein Vortheil auf Seiten der Producenten vorhanden. Der Producent kann allenfalls von seinen Producten leben, der Künstler nicht; der Mensch kann allenfalls nackend leben aber nicht ohne Nahrung. Leben zu können ist aber einem Jeden durch den Bürgervertrag zugesagt. Deßhalb ist ein Zwang nöthig; der Producent muß verbunden sein, seine Producte zu verkaufen. Jedoch sind die durch seine Arbeit erzeugten Producte sein absolutes Eigenthum, es müßte ihm sonach wenigstens frei stehen, sie so hoch zu verkaufen als möglich. Das aber kann ihm im Vernunftstaat, der auf das Gleichgewicht der Stände zu halten hat, nicht erlaubt sein. Es müssen daher höchste Preise der Lebensmittel und der gangbarsten Rohproducte für Fabrikation festgesetzt werden.

Die Staatsbehörde hat also eine Preisbestimmung der Waaren vorzunehmen.

Es gilt dafür den Maßstab des relativen Werthes der Dinge gegen einander zu bestimmen. Ein solcher Maßstab wäre die Zeit, binnen welcher man von ihnen leben könnte. Zu Grunde zu legen wäre bei dieser Preisbestimmung Etwas, das nach der allgemeinen Annahme der Nation ein Jeder zum Leben haben soll und muß. Als ein solches Etwas kann ohne Zweifel das Brod angesehen werden. Es kommt demnach darauf an, für das Product, aus welchem Brod gemacht wird, sei dies nun Roggen oder Weizen, einen Werth schlechthin zu bestimmen und darnach dann den Werth aller anderen Dinge zu schätzen. Wenn so und soviel Maß Korn genügte zum Leben und dies Maß den Preis von einem Thaler hätte, so müßte berechnet werden, wie viel Maß Fleisch oder Zeug entsprechend dem Maß Korn zur Befriedigung des Lebensbedürfnisses erforderlich wäre und im Verhältniß dazu müßten dann die Preise der Waaren bestimmt werden. Zu berechnen wäre nur ferner noch die auf die Bearbeitung verwendete Zeit, eingeschlossen die auf die Erlernung der Kunst verwendete Lehrzeit. Endlich wäre auch noch nach einem Maßstab für die Werthschätzung der Dinge nach ihrem Beitrag zur Annehmlichkeit des Lebens zu suchen, und zwar muß es sich natürlich handeln um ein vom persönlichen Geschmack eines Jeden unabhängiges gemein geltendes Schätzungsmittel. Fichte meint nun, die rechte Werthschätzung in dieser Richtung werde gewonnen, wenn man den Werth der Dinge noch nach dem größeren Aufwand von

Zeit bei ihrer Gewinnung und Bearbeitung schätzen möchte, denn dieser größere Aufwand werde nur gemacht, weil nach allgemeiner Annahme das Ergebniß angenehmer sei und er werde in dem Grade mehr oder weniger gemacht, je nachdem die Dinge einen größeren oder geringeren Beitrag zum Angenehmen lieferten.

Nach diesen Grundsätzen soll sich nun der Werth, den jede in den öffentlichen Handel gebrachte Waare von Rechtswegen haben muß, genau ermessen lassen. Der Kaufmann hat an den Producenten und Fabrikanten, aus dessen Händen er die Waaren erhält, so viel zu entrichten, daß beide während der Erzeugung oder Verfertigung mit der ihrem Geschäfte angemessenen Annehmlichkeit leben können. Der Nichthandelnde, der sie nur aus den Händen des Kaufmanns erhalten kann, hat über diesen Ankaufspreis hinaus noch so viel zu entrichten, daß auch der Kaufmann während seines Handels nach demselben Maßstabe leben kann. Es ist, falls Korn als das gemeinschaftliche Maß des Werthes gedacht wird, so viel Korn dafür zu entrichten, daß alle Genannten davon sich ernähren und für das Uebrige die anderen ihrer Lebensart zukommenden Bedürfnisse eintauschen können.

Diese doppelten für die Handelsleute und die Nichthandelnden gültigen Preise jeder in den öffentlichen Handel zu bringenden Waare hat im Vernunftstaat die Regierung nach vorhergegangener, den aufgestellten Grundsätzen gemäßer Berechnung, durch das Gesetz zu bestimmen und über dieselben durch Strafe zu halten. Dann erst ist Jedem das Seinige — nicht dessen er sich durch blindes Glück, Bevortheilung Anderer und Gewaltthätigkeit bemächtigt hat, sondern das ihm von Rechtswegen zukommt, gesichert.

Nur Eins ist noch zu bedenken, daß neben diesen drei Ständen der Landbauer, Künstler und Kaufleute im Staate auch noch Leute nöthig sind, die Andere belehren, die Alle vertheidigen und die das Ganze regieren, kurz Lehrer, Krieger und Beamte.

Nach dem Gesetz der Arbeitstheilung können die Vertreter dieser Stände nicht selbst produciren, fabriciren und commerciren. Die übrigen drei Stände müssen daher für sie mitarbeiten. Ihre Lebensbedürfnisse müssen ihnen ohne alles sichtbare und fühlbare Aequivalent abgeliefert werden. Ihre Sorge für Erziehung und Belehrung, für Vertheidigung und für Regierung der Nation ist das Aequivalent, das sie derselben entrichten.

Die Ordnung auch dieses Verhältnisses übernimmt der Staat. Zu diesem Zweck erhält er Abgaben von den Eigenthümern, wie man kurz die drei Stände der Producenten, Künstler und Kaufleute gegenüber den Lehrern, Kriegern und Beamten als Nichteigenthümer bezeichnen kann. Letztere, insofern sie aus dem Abgabenertrag vom Staate erhalten werden und insofern in Betreff ihres Lebens ganz vom Staate abhängig sind, kann man füglich kurzweg als Beamte des Staates bezeichnen.

Die Regierung, welche nun zu berechnen hat, wie viel solcher Personen (öffentliche Beamte) sowohl überhaupt als für jeden Haupt- oder untergeordneten Zweig anzustellen seien, hat zugleich zu berechnen, auf welche Weise Jeder seinem Geschäfte nach, bei einem bestimmten Grade des Wohlseins in der Nation, von Rechtswegen leben solle und dürfe. Aus dieser Berechnung geht die Größe der Abgabe überhaupt hervor, welche die Nation zu entrichten hat. Wie diese Abgabe zu beziehen ist, ob von Product und Fabrikat zusammen oder von Product oder Fabrikat allein gilt Fichte als principiell gleichgültig. Das Einfachste scheint ihm, die ganze Abgabe vom Landbau zu erheben, diesem aber den Beitrag des Fabrikanten und des Kaufmanns durch Erhöhung des Werthes seines Productes zurückzahlen zu lassen.

Der Werth jedes in den öffentlichen Verkehr kommenden Dinges wäre von nun an nicht mehr blos nach dem angegebenen Maßstabe, daß der Producent, der Fabrikant und der Kaufmann, Jeder nach seiner Art gleich angenehm dabei bestehen könne, sondern nach dem, daß noch überdies der öffentliche Beamte ebenso dabei bestehen könne, zu bestimmen. Nach solcher umsichtigen Festsetzung der Waarenpreise wäre dann die Abgabe an den Staat nur ein unvermeidlicher Abbruch an dem Wohlstande Aller, auch der öffentlichen Beamten.

Zur Erleichterung des gesammten Tauschhandels sowie der Abgabenzahlung an den Staat und der Bezahlung der Beamten durch diesen wird als Tauschmittel und Zeichen allen Werthes ein bestimmtes Landesgeld eingeführt, verfertigt aus dem sonst wenigst brauchbaren Material, etwa aus Papier oder Leder. Die Masse solcher in Umlauf zu setzenden Werthzeichen ist willkürlich, mag dieselbe groß oder klein sein, sie behält stets denselben Werth. Es sei z. B. nach der Ernte eine Million Maß Korn im Umlauf und werde nun ebenso eine Million solcher Werthzeichen, etwa Thaler genannt, vom Staate beschafft, so gilt dann ein Maß Korn einen Thaler. Und dem entsprechend sind dann die Preise der übrigen Lebensmittel und Waaren nach Thalern festzusetzen. So lange dann das Verhältniß des im Umlauf befindlichen Waarenwerthes zu dem im Umlauf befindlichen Gelde dasselbe bleibt, können diese Preise sich nicht ändern. Eine Aenderung kann nur eintreten durch eine Vermehrung oder Verminderung des maßgebenden Productes oder des Geldes. Wird eine größere Kornmasse producirt, so ist der millionste Theil der Gesammtmasse größer, also erhält man mehr Korn für einen Thaler; wird eine geringere Kornmasse producirt, so erhält man ebenso weniger Korn für den Thaler. Würden mehr Geldzeichen vom Staat ausgegeben, so wäre nicht mehr der millionste Theil der ganzen Geldsumme gleich einem Maß Korn, sondern ein größerer Theil, man erhielte also weniger für sein Geld. Umgekehrt wäre das Geldstück mehr werth, wenn weniger Geldzeichen ausgegeben. Das bildete den Unterschied theurer und wohlfeiler Zeiten. Nun soll aber der Wohlstand des Staates sich heben, indem die Producte sich vermehren.

Das muß die Staatsbehörde übersehen und demgemäß den jeweiligen Geldbedarf berechnen. Die Behörde muß dann entweder dem Productions-Zuwachs entsprechend die Geldzeichen vermehren und dieselben ohne Aequivalent an die Familienväter proportional austheilen oder, falls die Masse des circulirenden Geldes gleich bleiben soll, muß die Behörde den hinzugekommenen Waarenwerth unter die ganze Masse des Geldes vertheilen und dann die Geldpreise aller Dinge um so viel herabsetzen als nach gemachter Berechnung auf sie kommt. Am weisesten für den Staat wird es stets sein, gleichzeitig beide Maßregeln zu ergreifen.

In solchem Gelde erhebt der Staat seine Abgaben, um dem Landesgeld die allgemeine Gültigkeit zu sichern. Auch besoldet der Staat daher die öffentlichen Beamten in Geld. Da der Werth des Geldes gegen Waare durch das Gesetz bestimmt und dauerhaft ist, so kann die Behörde sehr leicht berechnen, welche Summe Geldes jeder Beamte als jährliche Besoldung bekommen muß.

Geld ist schließlich das absolute Eigenthum, sein Besitz das Zeichen, daß allen bürgerlichen Verbindlichkeiten Genüge gethan ist. Abgaben von Geldbesitz sind demnach absurd. Dieser Geldbesitz steht auch nicht mehr unter Aufsicht des Staates. Vorräthe, die man sich für sein Geld zum Privatgebrauch (nicht zum Handel) verschafft hat, überhaupt alles zu eigenem Gebrauch Eingekaufte, Mobilien, Kleidungsstücke, Pretiosen sind gleichfalls, aus demselben Grunde, absolutes Eigenthum.

Dieses Eigenthum geht aber nur auf den vom Staate zugestandenen freien Gebrauch und hat seine Grenze in dem zum Schutze des Lebens gehörigen Hause. An der Thür dieses meines Hauses ist die Grenze für die Aufsicht des Staates. Aber eben weil es sich hier um eine dem Individuum zugestandene unbedingte Freiheit des Gebrauches handelt, hört dieselbe, wie der Gebrauch selbst mit dem Tode des Individuums auf. Inwieweit die Eltern berechtigt sein sollen, ihr frei erworbenes Eigenthum testamentarisch zu vererben, soll von den Bestimmungen des Gesetzes abhängen. Ob die Intestaterbschaft der Kinder zu gleichen Theilen eingeführt werden soll, oder ob den Eltern das Recht, ein Testament zu machen, zustehen soll; wie weit ihnen dann die freie Disposition über ihr Vermögen zum Vortheile Fremder zukommen soll; wie weit die Legitima sich erstrecken sollen, wie weit das Recht der Enterbung; — das Alles soll lediglich von der positiven Gesetzgebung des Staates abhängen, welche nach politischen Gründen über dergleichen Gegenstände zu entscheiden hat. Entscheidungsgründe a priori hierüber giebt es nicht. Es giebt nur eine nothwendige Begrenzung a priori, gerade dieselbe wie bei der Schenkung überhaupt: die Hinterlassenen — etwa die Wittwe muß leben und die Kinder müssen erzogen, d. i. in den Stand gesetzt werden können, sich selbst ein Eigenthum zu erwerben. Diese Möglichkeit darf durch die Freiheit der Testamente nicht aufgehoben werden, denn der Staat muß ja für die Versorgung der Hinterlassenen Bürge sein.

Mit alle Dem wäre dann im Austausch der Arbeit und Lebensmittel das Gleichgewicht gehalten und die öffentliche Gerechtigkeit behauptet.

In solchem Staate sind alle Diener des Ganzen und erhalten dafür ihren gerechten Antheil an den Gütern des Ganzen. Keiner kann sich sonderlich bereichern, aber es kann auch Keiner verarmen. Allen Einzelnen ist die Fortdauer ihres Zustandes und dadurch dem Ganzen seine ruhige und gleichmäßige Fortdauer verbürgt.

Nur zwei Hindernisse für diese neue Staatsordnung sieht Fichte erstehen, ein inneres und ein äußeres.

Das innere Hinderniß würde dann eintreten, wenn der Producent, der zwar durch den Bürgervertrag verbunden ist, seine Producte zu verkaufen, auch verbunden ist, sie nicht zu höheren als den vom Staat bestimmten Preisen zu verkaufen, seine Producte nun doch um diesen Preis nicht und deshalb garnicht verkaufen wollte

Der Producent könnte ja dennoch von seinen Producten leben. Wie hätte nun der Staat dieses von dem Widerstand des Producenten herkommende Hinderniß der Staatsordnung zu beseitigen?

Wenn dem Staate in solchem Falle nicht das Recht zustehen sollte, den Producenten durch physische Gewalt zum Verkaufe zu nöthigen, so müßte der Staat wenigstens seinen Willen zu nöthigen im Stande sein. Diesen Zweck würde er am füglichsten erreichen können, durch Verkauf aus eigenen Magazinen, deren Anlegung, da der Landbauer seine Abgaben in Producten zu entrichten hat oder nach Einführung des Landesgeldes wenigstens in Producten auch entrichten kann, dem Staate sehr leicht werden müßte. Die Staatsbehörde würde somit durch Errichtung solcher Sicherheitsmagazine als Concurrent in den Tauschhandel mit eintreten.

Ein zweites Hinderniß von außen könnte und müßte die neue Staatsordnung an dem auswärtigen Handel haben. Wie wäre da zu helfen?

Der neue Staat ist verbunden, den aus dem Gleichgewichte des Verkehrs erfolgenden Zustand allen seinen Bürgern durch Gesetz und Zwang zuzusichern. Aber er kann das nicht, wenn irgend eine Person auf das Gleichgewicht Einfluß hat, die unter seinem Gesetz und seiner Botmäßigkeit nicht steht. Der Staat muß daher die Möglichkeit eines solchen Einflusses durchaus abschneiden. Aller Handelsverkehr mit dem Ausländer muß den Unterthanen verboten sein und unmöglich gemacht werden.

Der vernünftige Zukunftsstaat muß ein durchaus geschlossener Handelsstaat sein. Durch die menschliche Universalidee des Christenthums ist man im Mittelalter dazu gekommen die ganze bekannte Welt als einen einzigen großen Handelsstaat anzusehen. Dieser Welthandel paßt nicht mehr für die Zeit, da die christliche Universalmonarchie sich in lauter national gegen einander abgesonderte Staaten zertheilt hat. Einem solchen Zustande entspricht jetzt nur der geschlossene Handelsstaat.

In dem geschlossenen Handelsstaate wird nur fabricirt und commercirt, was das Land selbst producirt. Streng genommen hat Jeder mit dem Ertrage des Klimas, das er bewohnt, und der Kunst seiner Mitbürger, unter denen er lebt, sich zu begnügen. Nur der aus der bisherigen Theilnahme am Welthandel hervorgehende Bürger soll gewissermaßen ein Gewohnheitsrecht auf die bisher vom Auslande bezogenen Genüsse erworben haben, dem der Staat Rechnung tragen müsse. Um dies zu thun, soll der Staat Fürsorge treffen, für auswärtige Producte möglichst durch Cultur ähnlicher Landesproducte und für die im Auslande verfertigten Fabrikate durch Pflege derselben Kunst im Inlande Ersatz zu schaffen. Auch soll derselbe sofort unterscheiden zwischen Bedürfnissen, die wirklich Etwas zum Wohlsein beitragen können und solchen, die blos auf die Meinung berechnet sind. Zwischen chinesischem Thee und Zobel oder Seide ist in Betreff der Bedürfnißfrage ein großer Unterschied. Ersteren kann der moderne Mensch vielleicht nicht gleich entbehren, aber es wäre gewiß gar kein Unglück, wenn an einem Tage alle Seidenstickerei von den Kleidern verschwände.

Vor Allem aber müßte ein Staat, der im Begriffe stände, sich als Handelsstaat abzuschließen, vorher in seine natürliche Grenzen entweder vorrücken oder sich einschränken, so weit, daß er im Stande wäre, Alles zu produciren, um den Lebensunterhalt seiner Angehörigen zu sichern.

Sobald dies geschehen, müßte allen Bewohnern der auswärtige Handel gänzlich untersagt sein. Alle Handelsreisen, ja selbst die nutzlosen und durch das Kennenlernen fremder Bedürfnisse und Genüsse gefährlichen Vergnügungsreisen wären durchaus zu verbieten. Der müßigen Neugier und Zerstreuungssucht soll es nicht länger erlaubt werden, ihre Langeweile durch alle Länder herumzutragen.

Zu reisen hat aus einem geschlossenen Handelsstaate nur der

Gelehrte und der höhere Künstler. Wissenschaft und Kunst sind Gemeingut der Menschheit. Deshalb geschehen jene Reisen zum Besten der Menschheit und des Staates, und weit entfernt, sie zu verhindern, müßte die Regierung vielmehr dazu aufmuntern und auf öffentliche Kosten Gelehrte und Künstler auf Reisen schicken.

Um einen solchen Staatsabschluß zu bewirken würde als Maßregel genügen, die Einführung eines durch ein nur dem Regenten bekanntes Geheimniß gedeckten, deshalb gar nicht nachzumachenden Landesgeldes nebst dem Verbot alles anderen Geldes.

Nur für den Uebergang aus dem bisherigen Zustand und für gewisse durch Gewohnheit gewissermaßen geheiligte Nothbedürfnisse will Fichte noch Ausnahmen zulassen. Bis unser heimisches Wollgras so cultivirt ist, daß es als Ersatz für die Baumwolle gelten kann, soll der Eintausch auswärtiger Baumwolle noch zulässig sein. Oder in Fällen, wie beim gesunden südfranzösischen Wein, der in unserm Klima nicht gedeiht, während vielleicht nordisches Korn in Südfrankreich nicht genug wächst, soll ebenfalls ein Tauschhandel auch zukünftig noch zulässig sein. Aber dieser ganze auswärtige Handel darf dann nur von der Staatsbehörde selbst geführt werden.

Also beide Hindernisse der neuen Ordnung des Zukunftstaates sind eben dadurch zu beseitigen, daß der Staat selbst als große Handelsassociation eingreift. Nach Beseitigung dieser Hindernisse scheint nun die Staatsordnung der Zukunft und das Lebensglück Aller in ihr fest begründet und gesichert.

Statt diese Wahrheit nun zu erkennen und ihrer Verwirklichung nachzustreben, lieber zu sagen: das wird sich Alles schon von selbst machen, Jeder wird immer Arbeit und Brod finden, und es nun auf dieses gute Glück ankommen lassen, das — sagt Fichte — ist einer durchaus rechtlichen Verfassung nicht anständig. Man rede doch nicht von einem Sperlinge, der, so lange er dem Netze entgehe, freilich sein Körnchen immer finde, auf dessen Leben man aber gar nicht rechne, sondern man rede doch von Menschen, auf deren Dasein und Wohlsein es ankomme. Ueberlasse der Staat die Volksklassen dem Ohngefähr, so gäbe er ihnen durchaus Nichts.

Dann haben diese Volksklassen gar nicht Verzicht geleistet auf das Eigenthum Anderer. Der Staat kann dann mit keinem Recht sie in Absicht ihres Gewerbes unter Gesetze und ein bestimmtes Verhältniß gegen die übrigen Volksklassen bringen. Sie sind in jeder Hinsicht frei, sowohl vom Gesetze, als dem Rechte entblößt, ohne Regel wie ohne Garantie: halbe Wilde im Schooße der Gesellschaft. Bei der völligen Unsicherheit, in welcher sie sich befinden, bevortheilen und berauben sie — zwar nennt man es nicht Raub, sondern Gewinn — sie bevortheilen und berauben so lange und so gut als sie es können, Diejenigen, welche hinwiederum sie bevortheilen und berauben werden, so lange als es geht und bringen für den Nothfall, gegen welchen ihnen Nichts bürgt, in Sicherheit, so viel sie vermögen. Und an diesem Allen thun sie nichts weiter als wozu sie das vollkommenste Recht haben.

Es entsteht dann der endlose Krieg Aller im handelnden Publikum gegen Alle, als Krieg zwischen Käufern und Verkäufern; und dieser Krieg wird heftiger, ungerechter und in seinen Folgen gefährlicher, je mehr die Welt sich bevölkert, der Handelsstaat durch hinzukommende Acquisitionen sich vergrößert, die Production und die Künste steigen und dadurch die in Umlauf kommende Waare an Menge und mit ihr das Bedürfniß Aller sich vermehrt und vermannichfaltigt. Was bei der einfachen Lebensweise der Nationen ohne große Ungerechtigkeit und Bedeutung anging, verwandelt sich nach erhöhten Bedürfnissen in das schreiendste Unrecht und in eine Quelle großen Elends. Der Käufer sucht dem Verkäufer die Waare abzudrücken, darum fordert er Freiheit des Handels, d. h. die Freiheit für den Verkäufer, seine Märkte zu überführen, keinen Absatz zu finden, und aus Noth die Waare weit unter ihrem Werthe zu verkaufen. Darum fordert er starke Concurrenz der Fabrikanten und Handelsleute, damit er diese durch Erschwerung des Absatzes bei der Unentbehrlichkeit des baaren Geldes nöthige, ihm die Waare um jeden Preis, den er ihnen noch aus Großmuth machen will, zu geben. Gelingt ihm dies, so verarmt der Arbeiter, und fleißige Familien verkommen in Mangel und Elend, oder wandern aus von einem ungerechten Volke. Gegen diese Bedrückung vertheidigt sich, oder greift auch wohl den Vorrath an der Verkäufer durch die mannigfaltigsten Mittel, durch Aufkaufen, durch künstliche Vertheuerung und dergleichen. Er setzt dadurch die Käufer in die Gefahr, ihre gewohnten Bedürfnisse plötzlich zu entbehren oder sie ungewöhnlich theuer zu bezahlen und in einer anderen Rücksicht darben zu müssen. Oder er bricht an der Güte der Waare ab, nachdem man ihm am Preise abbricht. So erhält der Käufer nicht, was er zu erhalten glaubte: er ist betrogen; und mehrentheils entsteht bei schlechter, leichter Arbeit noch überdies ein reiner Verlust an der öffentlichen Kraft und Zeit, und den Producten, die so übel verarbeitet werden.

Kurz, Keinem ist für die Fortdauer seines Zustandes bei der Fortdauer seiner Arbeit im mindesten die Gewähr geleistet; denn die Menschen wollen durchaus frei sein, sich gegenseitig zu Grunde zu richten.

Diesem großen Zeitübel kann nur der Vernunftstaat der Zukunft abhelfen.

Zum Schluß dieses Berichtes über Fichte's Ideen mögen noch einmal die Hauptergebnisse der von ihm aufgestellten Theorie ebenfalls mit seinen eigenen Worten wiederholt sein.

Die Hauptbdingungen des Vernunftstaates sind: daß in einem dem Rechtsgesetze gemäßen Staate die drei Hauptstände der Nation gegeneinander berechnet und Jeder auf eine bestimmte Anzahl von Mitgliedern eingeschränkt; daß jedem Bürger sein verhältnißmäßiger Antheil an allen Producten und Fabrikaten des Landes gegen seine ihm anzumuthende Arbeit, ebenso wie den öffentlichen Beamten ohne sichtbares Aequivalent zugesichert; daß zu diesem Behufe der Werth aller Dinge gegen einander und ihr Preis gegen Geld festgesetzt und darüber gehalten; daß endlich, damit dieses Alles möglich sei, aller unmittelbare Handel der Bürger mit dem Auslande unmöglich gemacht werden müsse. Alle diese Behauptungen gründen sich auf die entwickelte Theorie des Eigenthums. Ist nur die letztere richtig, so haben auch die ersteren ohne Zweifel ihren guten Grund. Ist jene falsch, so fällt das, was nichts weiter zu sein begehrt, als eine Folgerung daraus, ohne Zweifel zugleich mit um.

Derjenige Staat nun, der zu solcher Neu-Ordnung zuerst sich entschließen will, wird nach Fichte's Meinung gerade von dem Anfang große Vortheile haben und durch sein Beispiel neuen Glückes dann die übrigen Staaten zur Nacheiferung anreizen. Für berufen, dies hohe Beispiel zu geben, hält Fichte vor Allem wegen ihres idealen Sinnes die Deutschen.

Daß dieser Vernunftstaat der Zukunft durch und durch ein Zwangsstaat ist, übersieht Fichte keineswegs, sondern will er, scheut sich daher auch gar nicht diesen Namen Zwangsstaat wiederholt anzuwenden.

Besonders in seiner Staatslehre von 1813 hat er gesucht diesen Zwangsstaat noch annehmbarer erscheinen zu lassen durch den Gedanken, daß dieser Zwangsstaat nur die Schule sein werde für ein Reich aus der Einsicht Aller, das reine Gottesreich auf Erden. Kein Zwang soll gelten außer in Verbindung mit der Erziehung zur Einsicht in das Recht. Der Zwingherr muß zugleich Erzieher sein, um in der letzten Function sich als den ersten zu vernichten.

„Auf diese Weise" — meint Fichte — „wird irgend einmal irgendwo im Reiche des Christenthums — die hergebrachte

Zwangsregierung einschlafen, weil sie durchaus nichts mehr zu thun findet. Was der gute und wackere Mensch schon jetzt kann, und wovon es unter uns nicht an Beispielen fehlt, dem Richter, der Polizei, und aller nöthigenden Gewalt mit sich gar kein Geschäft zu machen, das werden sie dann Alle so halten, und so wird dann die Obrigkeit Jahr aus Jahr ein kein Geschäft finden. Die Angestellten werden sich darum ein anderes suchen: und es ist zu hoffen, daß der Uebrigbleibende, der etwa durch Geburt für diesen Platz sich bestimmt hält, wenn auch etwa in einer künftigen Generation, müde werden wird, eine Prätension fortzusetzen, von der kein Mensch außer ihm mehr Kunde nimmt. So wird der dermalige Zukunftsstaat ohne alle Kraftanstrengung gegen ihn an seiner eigenen, durch die Zeit herbeigeführten Nichtigkeit ruhig absterben, und der letzte Erbe der Souveränität, falls ein solcher vorhanden, wird eintreten müssen in die allgemeine Gleichheit, sich der Volksschule übergebend und sehen, was diese aus ihm zu machen vermag. Zum Troste, falls etwas von dieser Weissagung vor ihnen verlauten sollte, läßt sich hinzusetzen, daß sie weichen werden nur Gott und seinem Sohne Jesu Christo."

II.

„Den geschlossenen Handelsstaat," in welchem Fichte diese seine Ideen am ausführlichsten dargelegt hat, widmete er im Spätherbst 1800 Sr. Excellenz dem Königl. Preußischen wirklich geheimen Staatsminister Herrn von Struensee. Und dieser schrieb dem Philosophen schon am 9. November einen verbindlichen Dankbrief. — „Ich habe darin" — heißt es in dem Briefe — „nach meiner Ueberzeugung sehr viel Gutes gefunden, und so viel ich jetzt urtheilen kann, ist darin das Ideal eines Staates vorgestellt, nach welchem zu streben jedem Staatsdiener, der an der Administration Antheil hat, Pflicht sein sollte. Ob dieses Ideal jemals erreicht werden dürfte, daran zweifeln Sie selbst; allein das schadet auch nicht der Vollkommenheit des Werkes. Doch ich will Ihre Schrift erst noch mal durchlesen und dann wollen wir Gelegenheit nehmen, darüber zu sprechen."

Daß der geheime Staatsminister annimmt, der Philosoph habe an der Erreichbarkeit seines Ideals gezweifelt, ist um so auffallender, als Fichte schon in der Widmung ausdrücklich bemerkt, der Philosoph werde, wenn er nur nicht seine Wissenschaft für ein bloßes Spiel, sondern für etwas Ernsthaftes halte, die absolute Unausführbarkeit seiner Vorschläge nimmermehr zugeben oder voraussetzen, indem er in diesem Falle seine Zeit ohne Zweifel auf etwas Nützlicheres wenden würde, als auf ein von ihm selbst dafür erkanntes Begriffs-Spiel. — Auch in der Staatslehre von 1813 wiederholt Fichte diese Gesinnung. Der Spruch — dies möge in der Theorie wahr sein, gelte aber nicht in der Praxis, könne nur heißen, für jetzt nicht, aber es soll gelten mit der Zeit. „Wer es anders meint" — sagt Fichte — „hat gar keine Aussicht auf den Fortgang, hält das Zufällige durch die Zeit Bedingte für ewig und nothwendig, er ist Volk oder eigentlich Pöbel. — Alle Abweichung vom Rechte entschuldigt die Noth. Wer diese Noth verewigen will, der will das Unrecht um seiner selbst willen. Er ist Feind des Menschengeschlechts — das Recht muß schlechthin Bahn bekommen."

Der Philosoph Fichte hielt also gerade so wie vor ihm Platon das von ihm gezeichnete politische Zukunftsideal für erreichbar und deshalb erstrebenswerth. Ihm galt es als Pflicht des Politikers, darnach zu streben, den Staat diesem Ideal immer mehr anzunähern. Und eben diese Pflicht anerkannte damals auch der preußische Staatsminister von Struensee. Daß nun seitdem in dessen Sinne dem preußischen Staatsdiener zur Pflicht gemacht sei, diesem Idealstaat nachzustreben, kann schwerlich angenommen werden.

Ueberhaupt ist eine irgendwie bedeutsame Nachwirkung dieser Ideen Fichte's in Deutschland für die damalige Zeit nirgend sichtbar.

Gewiß mit Recht hat Schmoller in einem Aufsatz über Fichte, eine Studie aus dem Gebiete der Ethik und der Nationalökonomie (Jahrb. f. Nationalökon. u. Statist. herausg. v. Hildebrand. Bd. 5. 1865) diese Wirkungslosigkeit und dieses Schweigen daraus erklärt, daß es dazumal in Deutschland überhaupt noch keine sociale Frage gab. Fichte's Ideen sind dem prophetischen Geiste eines einsamen Denkers entsprungen. Auch Schmoller's Annahme, da Fichte's Grundgedanke über den Werth, daß für denselben Arbeit die Grundlage sei, derselbe sei wie bei Adam Smith, werde Fichte denselben ohne Zweifel gekannt haben, wird sich schwerlich begründen lassen. So viel man sieht, sind Fichte's Ideen nur auf Anregung der französischen Revolution und der Beobachtung seiner in Individualismus zerfahrenen Zeit aus seinem eigenen Kopfe entsprungen. Sie sind einem plötzlich auftauchenden Kometen vergleichbar, dessen Herkunft man nicht recht kennt und von dem eine weitere bedeutsame Wirkung nicht sichtbar wird.

Man könnte daran denken Fichte's Ideen hätten vielleicht in Frankreich nachgewirkt und dort wenigstens einen Beitrag zum Aufkommen der socialistischen Gedanken St. Simon's und seines Schülers Bazard geliefert. Der Zeit nach wäre dies möglich. Fichte hatte auch schon früh durch seine Schrift „zur Berichtigung der Urtheile des Publikums über die französische Revolution" einen bekannten und geschätzten Namen in Frankreich erworben. Manche seiner Schriften sind dort früh verbreitet und gelesen. Aber nachweisbar ist eine unmittelbare Nachwirkung seiner Ideen auf den französischen Socialismus nicht. Ueberdies bei mancher Aehnlichkeit der Gedanken gerade Fichte's und St. Simon's treten doch auch wieder in Hauptpunkten namhafte Unterschiede des Fichte'schen und französischen Socialismus hervor, wie Schmoller treffend bemerkt hat. „Während dem französischen Socialismus" — sagt derselbe — „als bewußtes oder unbewußtes Motiv seiner Forderungen die Gleichheit der Genüsse vorschwebt, während er in der Lust, in dem materiellen Befinden das letzte Ziel des Lebens sieht und deswegen eine Aenderung der Besitzverhältnisse und der Gesellschaftsordnung verlangt, geht Fichte's Forderung, der Staat müsse sich des wirthschaftlichen Elends annehmen, er dürfe die Besitzverhältnisse nicht ganz sich selbst überlassen, als Consequenz aus dem erhabensten Idealismus hervor, aus einer sittlichen Weltanschauung, die nur Thätigkeit, keinen Genuß verlangt, die unter allen modernen Sittenlehren der strengen Stoa noch am meisten verwandt ist. Die ethische Grundlage des Fichte'schen Socialismus ist die Beherrschung und Ordnung der Naturtriebe zu einem vernünftig sittlichen Ganzen, die ethische Grundlage des französischen Socialismus ist die Negation jeder ordnenden Vernunftherrschaft über die natürlichen Triebe, das regel- und zügellose Spiel der Leidenschaft. Der französische Socialismus kommt zu dem Schlußergebniß: »la propriété c'est le vol« und hebt damit Individualität und persönliche Freiheit auf. Dieser bleibt bei Fichte stets ein sicherer, wenn auch beschränkter Rückzugsort; seine Eigenthumstheorie hebt das Eigenthum nicht als solches auf, sondern sucht ihm nur die aus dem Zusammenhang mit dem Ganzen nothwendigen Pflichten aufzuerlegen. Der französische Socialismus erwächst aus den praktischen Nothständen der Masse, er kämpft mit Paradoxien und leidenschaftlichen Invectiven gegen die zünftige Schulweisheit, er wendet sich an die große Menge und weiß sie zu elektrisiren, aber er endigt mit der überstürzten Revolution des Jahres 1848, in der er sich durch mißlungene Versuche dem Gelächter preisgiebt und durch die er unter dem blutigen Schauspiel eines unterdrückten Arbeiteraufstandes dem Absolutismus die Thür öffnet. Der Fichte'sche Socialismus entsteht in der einsamen Abgeschiedenheit des Gelehrten, kämpft systematisch gegen die sittlichen Mißstände einer egoistischen Zeit, knüpft überall an die letzten und höchsten Gründe der Dinge an, bleibt ohne unmittelbare directe praktische Wirkung, ja schlummert beinahe ein halb Jahrhundert vergessen und ungelesen. Aber der sittliche Kern, der in ihm steckt, trug doch seine Früchte; die praktische Macht, mit der der Idealismus eines Kant und Fichte auf das ethische Leben der deutschen Nation wirkte, war darum nicht minder groß, weil die Wirkungen nicht so an der Oberfläche liegen."

Diese Nachwirkung in der Tiefe tritt nun unverkennbar hervor an dem Eindruck, den Fichte auf Lassalle gemacht haben muß. Man würde schwerlich mit Recht behaupten können die Lectüre Fichte's hätte Lassalle's Socialideen erzeugt, aber man wird gewiß sagen müssen, Lassalle's Ideengang hat an Fichte einen Rückhalt gefunden und Lassalle hat eben deshalb auf den Geist des Fichte'schen Socialismus sich wiederholt bezogen.

Ein allgemeines Zeugniß dafür giebt Lassalle's Fichterede im Jahre 1862. In derselben geht Lassalle allerdings nicht auf die einzelnen naturrechtlichen Ansichten Fichte's ein, aber er rühmt den Geist des ganzen politischen Systems, das freie Construiren aus dem Begriff. Darin, daß die Deutschen bestimmt sind, sich mit Bewußtsein zum Freiheitsvolk der Zukunft zu machen, darin sieht auch Lassalle mit Fichte das Große. In diesem Machen soll auch nach ihm liegen, daß das Sein des deutschen Volkes aus dem reinen Geist selbst erzeugt werden muß, und daß es deshalb mit nichts Geschichtlichem, nichts Naturwüchsigem und Besonderem verwachsen, nur sein kann des reinen Gedankens Ebenbild.

Und unmittelbar praktischer noch hatte sich Lassalle schon ein Jahr zuvor in seinem „System der erworbenen Rechte" bei der Grundlegung seiner Theorie selbst wiederholt auf Fichte bezogen; wo er von seinem Meister Hegel abbiegt, greift er auf Fichte zurück, so namentlich auch in Betreff der Ansicht über das Recht des Privateigenthums und seiner Vererbung, also im Kernpunkt seines Socialismus.

Wenn Schmoller den Hauptunterschied zwischen Fichte und St. Simon darin findet, daß Fichte das Erbrecht nirgends angreift, während St. Simon die Aufhebung desselben vorschlägt; wenn er behauptet, der Wegfall des Erbrechtes komme bei Fichte nur vor als idealer Traum des begeisterten Sehers ferner Zukunft, — so ist das nicht ganz richtig. Fichte greift allerdings das Erbrecht nicht unmittelbar an, er verlangt nicht geradezu seine Aufhebung; aber seine Eigenthumstheorie läßt doch die Möglichkeit solcher Aufhebung jederzeit ausdrücklich offen. Alles Eigenthum hat nach seiner Ansicht nur rechtlichen Bestand, soweit und so lange der Staat dasselbe anerkennt, der Staat ist daher auch nach Fichte jederzeit berechtigt, das Erbrecht gesetzlich zu regeln, zu beschränken oder aufzuheben, wenn nur als Grenze festgehalten wird, daß Wittwen und Waisen so viel gelassen wird, daß sie davon leben können.

Also — wie gesagt — Fichte verlangt nicht diese Aufhebung des Erbrechts, aber er läßt sie zu; und eben darin berühren sich Fichte's und Lassalle's Gedanken in einem wichtigen Punkte.

Und gewiß mit Recht konnte sich Lassalle in diesem Punkte auf die allgemeine Behauptung Fichte's berufen, daß es gar keine geltenden Verträge geben könne, als die durch das Recht geforderten. Alles Recht aber war nach Lassalle's Gedanke ein historisch gewordenes und deshalb auch historisch werdendes und wandelbares.

Und in einer geistvollen Randbetrachtung seines Buches (Bd. 1. S. 159) sucht Lassalle nun darzuthun, wie im Allgemeinen der culturhistorische Gang aller Rechtsgeschichte eben darin bestehe, immer mehr die Eigenthumssphäre des Privatindividuums zu beschränken, immer mehr Objecte außerhalb des Privateigenthums zu setzen. — In Fichte's Zukunftsstaat blieb schließlich als Privatbesitz nichts mehr anerkannt, als das Bischen Eigenthum, das sich Jeder für sein Geld als unmittelbaren Zubehör des eigenen Leibes in seinem Hause hält. — Mit vollem Rechte konnte sich daher Lassalle auf Fichte berufen, wenn er sich dem Individualismus und Liberalismus seiner Zeit entgegenstellte. Der Liberalismus wolle die Rechte, die er will, politische, wie das Wahlrecht, oder sociale, wie das in der Gewerbefreiheit liegende Recht, auch freie Bethätigung der Arbeitskraft, nie für das Individuum, sondern immer nur für das in besonderer Lage befindliche, so und so viel Steuern zahlende, mit Kapital ausgerüstete u. s. w. Individuum; also immer nur für den Besondern! —

„Wahrer Individualismus" — sagt Lassalle — „würde sich vielmehr sehr revolutionär nicht nur gegen die noch bestehenden Einrichtungen, sondern auch gegen die Tendenzen unseres sogenannten Liberalismus verhalten (man denke nur z. B. an Fichte). Das, wogegen die tiefergehenden Strömungen unserer Zeit gerichtet sind und woran sie sich noch abquälen, ist nicht das Moment des Individuellen, — sondern es ist der noch aus dem Mittelalter mit herübergebrachte und uns immer noch im Fleische haftende Knorren der Besonderheit. Denn zum Knorren wird dies

Moment da, wo es außerhalb des Umkreises der auch ihm zukommenden begrifflichen Berechtigung — also außerhalb der Sphäre alles dessen, was mit Recht dem reinen Belieben und der bloßen Privatwillkür unterliegt — sich Geltung verschaffen will." —

So berühren sich also Lassalle und Fichte im innersten Kern ihrer Socialideen und Lassalle beruft sich geradezu auf Fichte, suchte und fand also als Socialpolitiker einen Rückhalt an dem Philosophen.

Mehr noch klingen uns Fichte'sche Gedanken entgegen in dem an Lassalle sich anschließenden Socialismus. Eigenthum nur durch Recht des Staates und deshalb auch wandelbar und als sachlicher Privatbesitz auf ein Minimum gesetzlich beschränkbar, — Rechtsforderung Aller an den Staat auf Arbeit, -- Berechtigung Aller zur Forderung auf Sicherung eines relativ gleich angenehmen Lebens durch den Staat, — Leitung der ganzen Gesellschafts- und Arbeitsordnung durch Gesetz und Zwang des Staates, unter Geschäftsbetheiligung der Staatsbehörde, — gemeinsame Volkserziehung zur Erkenntniß des Rechts dieser neuen Socialordnung, — endliches Ueberflüssigwerden des Staates durch Zucht und Einsicht Aller; — alle diese Ideen Fichte's tönen uns heut zu Tage wieder entgegen aus den Kreisen unserer Socialdemokratie.

Wenn Hasselmann in seiner großen Reichstagsrede vom 10. Oktober, an Lassalle erinnernd, als Grundlehre der heutigen Socialdemokratie hinstellte, daß in der neuen Gesellschaft jeder werkthätige Mensch, d. h. jeder Arbeiter nicht nur einen Anspruch auf die nothwendigsten Lebensbedürfnisse, sondern auf seinen vollen Arbeitsertrag haben soll, so daß also Alles, was an Tauschwerth durch die Arbeit in der menschlichen Gesellschaft erzeugt wird, naturnothwendig lediglich dem arbeitenden Volke selbst als Eigenthum anzugehören habe; wenn er die Sicherung solchen Arbeitseigenthums als das Streben der Socialdemokratie bezeichnete, so bewegte er sich ganz auf dem Boden Fichte'scher Gedanken. Fußt der Socialismus, wie Hasselmann sagt, auf diesem Eigenthumsbegriff, so hat dieser moderne Socialismus dieselbe Grundlage mit Fichte's Ideen. Wie Fichte verlangt auch Hasselmann, daß an die Stelle des jetzigen Ausbeutungssystems der Kräfte, an die Stelle der jetzt herrschenden planlosen Productionsweise die staatlich geregelte Productionsweise der Zukunft treten soll. Beginnen soll dieselbe mit der vom Staat unterstützten Productiv-Association im Einzelnen; aber nur wenn diese neue Productionsweise im großen Maßstabe zum Staatsprinzipe gemacht wird, erwartet Hasselmann Erfolg. Die staatlich unterstützte Productiv-Association erscheint ihm nur als die Urquelle des Zukunftsstaates selbst. Daher, was Fichte erst von der Staats-Association selbst verlangt, die Garantie, daß ein Jeder mit Berücksichtigung seiner Leistung oder Arbeitsanstrengung belohnt werde, daß ihm der volle Arbeitsertrag seiner Arbeit zu Gute komme, das fordert Hasselmann schon von der Productiv-Association. Auch in Hasselmann's Zukunftsstaat wie in dem Vernunftstaate Fichte's haben die Mitglieder der Associationen sich bei der Arbeit gegenseitig einer bestimmten Prüfung zu unterwerfen, sollen die vereinigten Associationen nach einer Statistik des Verbrauchs leicht berechnen können, in welcher Weise die Production am besten geregelt werden kann, wie viel Bedarf nöthig ist, wie groß die Leistungsfähigkeit der gesammten Productions-Instrumente ist. Auch bei Hasselmann gehört zur Regelung der bisher planlosen Productionsweise die gelegentliche Ueberführung der Arbeitskräfte auf andere Productionsfelder. Aehnlich wie Fichte will auch Hasselmann nicht gerade unbedingte Abschaffung des Erbrechts verlangen, aber die Gültigkeit desselben beschränkt er doch wie Fichte auf ein Minimum, wenn er sagt, die Socialdemokratie habe kein Interesse daran, daß Demjenigen, welcher ein kleines nur zur Nutznießung, zum Andenken seiner Angehörigen dienliches Erbtheil hinterlasse, ein solches Verfügungsrecht entzogen werde. Aber protestiren will er doch dagegen, daß auf Grund des Erbrechts die Productions-Instrumente in den Händen einer kleinen, winzigen Klasse sich anhäufen. Um Letzteres zu verhüten, soll das Productions-Eigenthum als solches zum Gemeingut gemacht werden, so daß die Productionsmittel Allen erreichbar sind und die Menschheit in der Association die Möglichkeit hat, die Productionsmittel voll und ganz auszunutzen, sowie den vollen Ertrag der Arbeit den Arbeitenden zu Theil werden zu lassen. — Auch Liebknecht in seiner Schrift „Grund- und Bodenfrage" will den Einzelnen als Privateigenthum nur lassen, was sie persönlich brauchen und verbrauchen. Und ebenso redet Most in seiner „Lösung der socialen Frage" schon von der Zeit, da Alle gleichbetheiligt sein sollen am Ertrage der Staatsproduction.

Das Alles klingt gerade so, wie die Forderungen Fichte's für seinen Vernunftstaat.

Der Unterschied besteht nur darin, daß die Taktik des praktischen Socialismus diese Ideen lieber einzeln verausgabt und vorzieht, sie nicht im geschlossenen System des Zukunftsstaates erscheinen zu lassen, während der Philosoph ungescheut die letzten Consequenzen zieht. Mit Recht ist den Führern der Socialdemokratie unserer Tage wiederholt entgegnet worden, sie unterließen klüglich, ein Gesammtbild ihres Zukunftsstaates vor den Augen des ihnen anhängenden Volkes zu entwerfen, wohl wissend, daß das Bild eines solchen alle Freiheit des Individuums vernichtenden Zwangsstaates Viele nicht anziehen, sondern abschrecken werde. Ihre Agitatoren wüßten wohl, sagte Fürst Bismarck in seiner Reichstagsrede vom 17. October, daß, wenn sie mit dem Programm auftreten wollten, wie sie wirklich die Zukunft gestaltet dächten, jeder einsichtige Arbeiter sie auslachen würde. — Diese Agitatoren haben allerdings meist vorgezogen, darüber zu schweigen oder sich nur in dunkeln Allgemeinheiten zu ergehen. Der Philosoph Fichte hatte und brauchte solche Weltklugheit nicht, er glaubte die heilende Wahrheit gefunden zu haben und theilte sie vollauf mit. Seine Ideen sind darum nicht minder Unsinn, aber es ist System im Unsinn und eben an diesem ungescheuten Ziehen der äußersten Consequenzen erkennt man deutlicher und klarer das Utopische, die Unausführbarkeit dieser Ideen. Man erkennt leicht auf Schritt und Tritt, daß dieser Vernunftstaat niemals der Staat der Zukunft werden kann, daß er nicht einmal ideal gewünscht werden kann, weil seine wesentlichen Forderungen im letzten Grunde der menschlichen Natur selbst zuwider laufen. Und eben deshalb schien mir ein Rückblick auf Fichte's Ideen lehrreich und nützlich und eben deshalb wollen wir nicht in vornehmem Dünkel unserer besseren Einsicht an diesen Ideen als an einem baaren Unsinn philosophischer Grübelei vorübergehen, sondern allen Ernstes noch auf eine kritische Betrachtung uns einlassen.

III.

Es scheint mir durchaus nicht zu passen, wenn Schmoller, sein Gesammturtheil zusammenfassend, sagt, das sei überhaupt der großartige Charakter des ganzen ökonomischen Systems von Fichte, daß er, indem er mit unerbittlicher Strenge die Unsittlichkeiten im heutigen Wirthschaftsverkehr rüge, zugleich in den Grundzügen seines Systems durchaus Aufgaben zeichne, die wirklich für jeden Nationalökonomen das wahre Ideal einer richtigen Oekonomie des Güter- und Völkerverkehrs sein müßten.

Schmoller kann dieses Lob Fichte's nur sprechen, insofern er die unbedingten Forderungen Fichte's auf relative Wünsche herabsetzt. Allerdings wird es zu wünschen sein, daß der Werth der Arbeit stets ein solcher sei, auch dem Arbeiter und seiner Familie noch ein menschenwürdiges Loos zu verschaffen, aber nicht Das zu wünschen, begnügte sich Fichte, sondern er stellte die Forderung, daß der Staat jedem Arbeiter ein solches Leben verbürge, und Alle zwinge, es Jedem zu schaffen. Es mag allerdings das erste Erforderniß einer gesunden Volkswirthschaft sein, daß die Bevölkerung nach den verschiedenen Erwerbszweigen richtig vertheilt sei, aber nicht die Anerkennung dieses Bedürfnisses nur forderte Fichte, sondern die zwangsweise Vertheilung der Arbeitskräfte durch den Staat. Das von Schmoller als relativ wünschenswerth Bezeichnete mag richtig sein, das von Fichte unbedingt Geforderte ist jedenfalls falsch, weil unmöglich und widernatürlich.

Er scheint mir daher das Rechte nicht zu treffen, wenn Schmoller urtheilt, was Fichte erkenne, seien die wahren Aufgaben der menschlichen Gesellschaft, worin er irre, das seien die Mittel der Ausführung und häufig sei der einzige Irrthum der, daß er eine Aufgabe dem Staate zumuthe, welche dieser nicht von sich aus, sondern welche nur die Gesellschaft von den Einzelnen aus lösen könne, wobei dem Staate und dem Rechte höchstens einige indirecte Beihülfe zukomme. Wenn man sich die Mühe nehmen wollte und in Fichte's Ausführungen überall an die Stelle der Phrase „der Staat hat dafür zu sorgen" die setzte: „die Gesellschaft hat dafür zu sorgen", so würde selbst die extreme Manchesterschule sich mit dem Meisten einverstanden erklären könnnen. — Nach solchem Phrasentausch wäre eben meiner Ansicht nach Fichte nicht mehr Fichte. Es bleibt ein unverwischbarer Unterschied, ob man Alles von dem Zwang des Staates oder Vieles von der Gesellschaft freier Einzelnen erwartet und die Gleichheitsziele des Fichte'schen Vernunftstaates kann die Gesellschaft wahrhaft Freier niemals, auch nicht einmal für die fernste Zukunft als die Ziele ihres Strebens betrachten, eben weil diese Ziele der Menschennatur zuwiderlaufen.

Lassen wir uns durch die Anerkennung, die wir dem Philosophen Fichte als kühnem Denker und als einem Manne von durchgreifender Sittenstrenge in schmachvoller Zeit zu zollen gewohnt und geneigt sind, nicht verleiten, die Irrgänge seines Geistes zu bemänteln, die in Gefahr drohenden Abbildern uns gerade jetzt in unserer Zeit wieder entgegen treten. Die Ideen eines Philosophen, ausgesonnen in einsamer Denkerstille, bleiben nicht immer verschlossen auf den Blättern seiner Schriften, sie wirken nach in lebenden Geistern, treten dann hinaus auf den Markt des Lebens und wirken hier Heil oder Unheil, je nachdem sie zur Wahrheit stimmen oder nicht.

Fichte's Staatsphantasien sind unbeachtet geblieben in seiner für derartige sociale Fragen noch unempfänglichen Zeit, eine zu ernsten Bedenken Anlaß gebende Nachwirkung solcher Ideen im praktischen Leben gewahren wir heute, daher ist es nicht wohl gethan, die Irrgänge dieser Ideen zu beschönigen, sondern richtiger und wichtiger ihren Irrthum in seinem Grunde aufzusuchen und vor Aller Augen klar zu legen. Im Interesse unserer Zeit sollen wir uns auch dieser Arbeit unterziehen, die gewiß nicht erfreulich ist, denn immer wird es eine schönere Aufgabe sein, an einem großen Geiste das Große und das Wahre als das Kleine und Falsche aufzuspüren. Aber es bleibt ein ewig wahres Wort, der schöne Satz der alten Römer: „Theuer sei mir der Freund, aber theurer noch sei mir die Wahrheit!"

Gehen wir also an die Widerlegung der Ideen Fichte's, wir widerlegen damit zugleich die socialistischen Utopien Lassalle's und seiner Nachtreter. Fichte's Ideen — behaupte ich — sind rechtlich falsch und social unausführbar, weil sie im letzten Grunde überall der menschlichen Natur zuwiderlaufen. Diese Behauptung soll bewiesen werden.

Was zunächst Fichte's Rechtsanschauug betrifft, so beginnt sein Irrthum schon beim Ausgang seiner Betrachtungen über das Urrecht und das Eigenthum.

Ein allgemein gleiches Urrecht der Menschen im Sinne Fichte's giebt es nicht, ein solches widerspricht der ursprünglichen Verschiedenheit der Menschennaturen selbst. Man nehme nur das ursprünglichste Verhältniß der Menschen, das Verhältniß von Eltern und Kind. Schon für dieses Urverhältniß paßt das Fichte'sche Urrecht auf die Fortdauer der absoluten Freiheit und Unantastbarkeit des Leibes, d. i. daß auf ihn unmittelbar garnicht eingewirkt wird, durchaus nicht. Vielmehr ließe sich sagen, das Kind habe ein natürliches Recht, eine solche Einwirkung seiner Eltern zu verlangen, ohne sie könnte es nicht leben, könnte es weder körperlich noch geistig zur vollen Menschwerdung heranreifen; die Eltern haben daher sicherlich die Pflicht, dem Fichte'schen Urrecht zuwider die absolute Freiheit und Unantastbarkeit des kindlichen Leibes nicht anzuerkennen, vielmehr mit unausgesetzter Mühe unablässig förbernd selbst durch körperliche Züchtigung auf denselben einzuwirken. Und weiter haben in gewissem Sinne alle Diejenigen, die schon mehr Mensch sind, als Andere die Pflicht, in menschenwürdiger Weise auf diese Anderen einzuwirken, um sie im Menschschein zu fördern. Der Mensch hat nicht nur den Trieb und die Pflicht, sich selbst zu vervollkommnen, sondern ebenso den fast noch schöneren, weil uneigennützigeren Trieb, zur Vervollkommnung Anderer das Seinige beizutragen. Die ganze Culturarbeit und Culturpflicht der Menschheit ruht auf diesem Triebe.

Da nun aber die Menschen von Natur nicht nur in den Unterschieden von Alt und Jung sich zusammenfinden, sondern auch von Natur unterschieden an Kraft und Begabung, so liegt es in der Natur begründet, daß sie auch von Anbeginn an in unterschiedenen Lebensverhältnissen sich ausleben und deshalb nicht mit dem Maßstab eines mechanisch gleichen Urrechtes gemessen werden können. Gewiß alle Menschen haben den menschlichen Anspruch zu leben und leben zu können, aber sie können der Verschiedenheit ihrer Naturen gemäß eben nur auf verschiedene Weise leben. Und diese Verschiedenheit ist nicht etwa eine allmählich erst durch Mißbrauch in der Menschheit entstandene, sondern sie ist der nothwendige Ausgang und das nothwendige Ende, weil sie ihren Grund in dem unabänderlichen Gesetze der Natur hat, dessen Schönheit und Großartigkeit gerade in der vielseitigen Mannigfaltigkeit seiner Verwirklichung sich offenbart.

Diesem Grundgesetz der menschlichen Natur zufolge ist nun auch von Anbeginn an die Arbeit der Menschen eine unterschiedene. Alle Menschen essen, trinken und schlafen; aber nicht alle Menschen müssen jederzeit Dasselbe essen wie das liebe Rindvieh sein Gras. Der Eine kann Hasen jagen und sie essen, der Andere fängt Fische und ißt diese. Alle Menschen brauchen ein Obdach, aber nicht alle müssen sich gleichmäßig verkriechen wie die Kaninchen in Sandlöcher, der Eine kann das Obdach in einer Höhle, der Andere unter einem Blätterdach suchen. Aus dieser Verschiedenheit geht von Urbeginn an ein verschiedener Besitzstand der Einzelnen hervor. Daß jeder Einzelne sich einen solchen Besitzstand aneignet, liegt in dem Bedürfniß der menschlichen Person, daß die Einzelnen dies in verschiedener Weise thun, liegt in der Verschiedenheit der Einzelnen sowohl als in der Verschiedenheit des Verhältnisses der Umgebung zu ihnen begründet. Daraus ergeben sich naturgemäß ursprünglich unterschiedene Besitzstände, die als solche stillschweigend anzuerkennen schon den ursprünglichen Menschen die in seiner Menschennatur liegenden sittlichen Triebe der Selbstliebe und Mitempfindung für Andere gleich sehr nöthigen.

Es gilt uns nun ferner als ein Mißbrauch des Wortes Staat, wenn man meint sagen zu dürfen, solche einzeln zerstreut oder auch familienweis oder stammweis nebeneinander wohnende Menschen lebten schon in staatlichem Verhältniß. Der Staat sei ebenso früh wie die Menschen, die erste Familie sei der erste Staat. Wäre das eine richtige Auffassung, so lebte alles gesellige Vieh so gut in Staaten wie der Urmensch. Der Staat ist vielmehr das Product einer bewußt gemachten oder wenigstens bewußt gut geheißenen Ordnung zusammenhaltender Menschen. Ein solcher Staat muß mit Nothwendigkeit aus jenen ursprünglichen Familien oder Stammesverhältnissen hervorgehen und somit, wie Aristoteles tiefsinnig sagte, der Idee nach früher sein als sie, aber diese sind noch nicht er. Dann aber sind bereits sittlich stillschweigend anerkannte Besitzstände da, wenn bewußt eine Staatsordnung gemacht und anerkannt wird.

Mag nun auch der bislang nur sittlich respectirte Besitzstand der Einzelnen erst jetzt als rechtlich von der Gemeinschaft anerkannt und somit erst jetzt als ein gegen jede Willkür gesichertes Eigenthum gelten, so hat doch damit das so anerkannte Eigenthum der Einzelnen gewiß nicht seinen alleinigen Grund in dieser Anerkennung, sondern diese spätere Anerkennung setzt eben die stillschweigende sittliche frühere Anerkennung der vorhandenen Besitzstände voraus und auf diese geht dann das Eigenthum zurück.

Das Alles hatte **Fichte** früher in seiner Jugendschrift „Beitrag zur Berichtigung der Urtheile des Publikums über die französische Revolution" selbst eingesehen und anderen Ansichten gegenüber hervorgehoben, wie K. **Fischer** treffend darstellt in seiner „Geschichte der neueren Philosophie" Bd. 5 S. 400 ff. Damals bewies **Fichte**, daß die Quelle des Eigenthumsrechts nicht der Staat, sondern der Mensch als Person, als Herr seiner Kräfte sei. Der Mensch habe das ausschließende Recht auf sich selbst, auf seine Kraft, auf deren Wirkung in der Formation eines Dinges und dadurch auf das Ding selbst, das sei der einzig naturrechtliche Grund des Eigenthums. Sei aber Arbeit die Quelle des Eigenthums, so sei die rohe Materie Niemandes Eigenthum. Was keinem Einzelnen gehöre, das könne auch nicht vielen Einzelnen gehören, also auch nicht dem Staate. Das Eigenthum aber, das wir durch Arbeit erwerben, sei nicht bedingt durch den Staat und könne daher von diesem in keiner Weise beansprucht werden. Was im Staate erworben werde, sei darum noch nicht durch den Staat erworben. Es sei eine falsche und verworrene Vorstellung, welche meine, daß es gesetzliche Zustände, gesellschaftliche Ordnungen nur im Staate gebe. **Fichte** will Staat und Gesellschaft wohl unterscheiden. Die menschliche Gesellschaft reiche weiter als das Gebiet der Verträge überhaupt und der gesetzliche Zustand reiche weiter als die Gesellschaft. Der Staat habe kein Recht zu thun, als ob er allein der Vertrag, die Gesellschaft, das Gesetz wäre. Wenn ein Mensch Eigenthum durch Vertrag erworben habe, so habe er diesen Vertrag nicht geschlossen als Bürger, sondern als Mensch, nicht vermöge seiner politischen, sondern seiner natürlichen Rechte. Diese Verträge fielen nicht in das Gebiet des Staates, sondern in das der Gesellschaft. Es sei nicht der Staat, der diese Verträge ermögliche, der Staat gäbe mir nicht diese so erworbenen Eigenthumsrechte, er schütze mich nur in meinem Besitze.

Fichte's späterer Irrthum in Betreff des Eigenthumsbegriffs besteht somit darin, daß er alles Eigenthum ausschließlich durch Rechtsanerkennung des Staates entstehen läßt. Er ist in Betreff der Begründung des Eigenthums reiner Legal-Theoretiker, was Adolf Wagner in seiner allgemeinen Volkswirthschaftslehre übersieht, wenn er den Ursprung der natürlichen Eigenthumstheorie in Deutschland in der idealistischen Philosophie Fichte's sucht. (Bd. 1 S. 443.) Es mag, wie Schmoller gewiß mit Recht bemerkt hat, rühmenswerth sein, daß Fichte als Philosoph über den engen Eigenthumsbegriff des römischen Rechtes, nach welchem das Wesen des Eigenthums in dem ausschließlichen Besitz einer Sache gesetzt ward, hinausging zu der freieren Auffassung des Eigenthums als einer dem Einzelnen für seine Arbeit zuerkannten Rechtssphäre, aber was Fichte dabei übersah, war, daß dieses Zuerkenntniß zugleich die rechtliche Anerkennung sittlich begründeter Naturunterschiede der vorhandenen Besitzstände in sich schließt.

Statt dessen träumt der Philosoph auch hier von einem allgemein gleichen Urrecht, demgemäß die Menschen, die sich staatlich verbinden, die Erde zum Gebrauch und die unterschiedenen Arbeitssphären gleichmäßig unter sich theilten und nur gleichmäßig unter sich theilen durften. Ein solches Urrecht hat thatsächlich nie bestanden und kann nie bestehen, weil es wiederum der Natur des Menschen widerspricht.

Auch die zweite Seite des Fichte'schen Urrechtes ist widersinnig in sich selbst und steht überdies in seltsamen Gegensatz zu seinem eigenen Zukunftsideal. In dem Urrecht soll auch liegen das Recht auf die Fortdauer unseres freien Einflusses auf die gesammte Sinnenwelt. Ein Mensch auf einer einsamen Insel soll mit der ihn umgebenden Natur thun können, was er will. — Als zugleich sittlicher Mensch hat auch der einsame Mensch ein solches Urrecht nie. Sein eigenes sittliches Dasein verbietet ihm schon, die ihn umgebende Natur nutzlos zu zerstören oder gar ein empfindendes Thier qualvoll zu Tode zu martern. Tritt ihm noch ein Mensch zur Seite, so kann derselbe gewiß nie zu der Sinnenwelt gehören, mit der er thun kann, was er will. Dieses Urrecht ist also niemals da und seine Forderung widersinnig in sich selbst.

Und wie seltsam nun! Der Mensch, der mit diesem Urrecht des freien Einflusses auf die ganze Sinnenwelt anfängt, endet in Fichte's Zukunftsstaat damit, seinen erlaubten Einfluß auf die Producte des eigenen Flecken Landes einzuschränken. Als unumschränkter Bürger der ganzen Welt beginnt er und als beschränkter Pfahlbürger eines Erdflecks endet er. Wenn Fichte zur Rechtfertigung dieser Einschränkung sagte, der Mensch müßte mit der Sphäre, in welche die Natur ihn setze, zufrieden sein, so stellte Schmoller gewiß mit vollem Rechte dem die Behauptung entgegen, die wahre Sphäre der Menschen sei die ganze Erde. Dem Urrechte Fichte's entspräche gewiß nur dies.

Hätte nun diese unsere Betrachtung des Fichte'schen Urrechts und Eigenthumsbegriffs Recht, so wäre damit eigentlich Fichte's ganzes Social-System umgestürzt. Denn nach seinen eigenen Worten sollten mit seinem Eigenthumsbegriff auch alle daraus gezogenen Folgerungen fallen. Es wäre mit dieser Rechtswiderlegung also eigentlich die ganze Sache abgethan.

Indessen wir wollen trotzdem nicht unterlassen, auch noch die sociale Unrichtigkeit und Unausführbarkeit seiner Ideen näher in's Auge zu fassen, da Fichte's Verkennung der menschlichen Natur gerade in seinen Gedankenfolgerungen noch deutlicher und anschaulicher zu Tage tritt.

Die erste sociale Folgerung, welche Fichte aus seiner Ansicht vom Eigenthum zieht, ist die, daß der Staat verpflichtet ist, einem Jeden genug Eigenthum zuzusichern, um davon angenehm leben zu können. Ist diese Folgerung richtig?

Aus dem Bürgervertrage, der Jedem das Recht einer ausschließlichen Arbeitssphäre als seines Eigenthums zusichert, kann doch nur folgen, daß der Staat einem Jeden die Möglichkeit darbieten muß, vom Ertrag seiner Arbeit angenehm zu leben. Das besagt nur, es soll staatlich keine unbedingt hinderliche Schranke dieser Möglichkeit entgegenstehen. Diese Möglichkeit aber zu ergreifen und zu benutzen, muß Aufgabe der natürlichen Freiheit des Einzelnen bleiben. Der Staat aber kann keine Bürgschaft dafür übernehmen, daß dies mit Erfolg geschieht. Nur das sittliche Gebot der Nächstenliebe kann in Werken geregelten Wohlthuns und Erbarmens über das Darbieten jener Möglichkeit hinausgehen und ein Interesse des Staates kann es sein, solche Werke zu unterstützen; aber eine Rechtsforderung dazu liegt nicht mehr vor.

Wer daher durch Mißgeschick oder eigenes Verschulden gehindert wird an der rechten Benutzung jener dargebotenen Möglichkeit zu eigener Kraftbethätigung, hat wohl noch einen Anspruch auf die Nächstenliebe und das Erbarmen seiner Mitmenschen, aber einen Rechtsanspruch an den Staat oder gar an alles über die Befriedigung der Nothdurft hinausgehende Eigenthum aller seiner Mitbürger hat er nicht mehr. Diese gefährliche Lehre des Philosophen Fichte, nach welcher Jeder, der kein Eigenthum hat, das natürliche Recht haben soll, sich an dem Eigenthum eines jeden Anderen zu vergreifen, entbehrt Gott Lob! jeglichen Rechtsgrundes. Immer noch gebietet dann der sittliche Grund allen Rechtes, einem Jeden das Seine zu lassen.

Aber selbst wenn diese bis jetzt geltenden Rechtsanschauungen unserer Gesellschaft falsch und Fichte's Ansichten richtig wären, würden seine Socialideen dennoch für Menschennaturen völlig unausführbar bleiben.

Eine Staatsbehörde, die im Stande wäre, die den jeweiligen Verhältnissen entsprechenden Zahlen der unterschiedenen Standesglieder genau zu berechnen, den verschiedenen Ständen nach zuverlässiger Prüfung die richtigen Einzelkräfte zuzuweisen, für den Tausch-Verkehr die Preise aller Waaren nach Verhältniß des Kornmaßes, je nach dem Jahresertrag wechselnd, unter Mitberücksichtigung des gesammten Staatsbedürfnisses zu bestimmen, ist nach den Naturbedingungen des Menschen und der menschlichen Gesellschaft völlig undenkbar.

Die dem Bedürfniß entsprechende Vertheilung der Menschen in die einzelnen Stände regelt sich in Freiheit überall annähernd richtig nach dem Bedarf der wechselnden Verhältnisse. Wird ein Stand einmal von zu viel Kräften überfluthet, so tritt von selbst bald darauf die natürliche Ebbe ein; entstehen umgekehrt in einem Stande irgendwo Lücken, so füllt bald ein natürlicher Strom neuer Kräfte diese Lücken aus. Der Staat kann in dies Getriebe bisweilen je nach seiner Einsicht fördernd oder hemmend eingreifen, aber durchgreifend vorausberechnen kann die rechte Vertheilung kein Mensch und deshalb auch keine aus irrsamen Menschen bestehende Staatsbehörde. — Daß die Staatsbehörde in der Berechnung sich einmal irren könnte, setzt auch Fichte voraus, aber die Correctur scheint ihm leicht, die Behörde stellt dann eine neue Berechnung an und nimmt eine neue Vertheilung der Kräfte vor. Gesetzt also, sie hätte einmal zu viel Kräfte dem Landbau zugetheilt und zu wenig dem Kunsthandwerk, nichts einfacher dann als zu helfen, indem sie dem Landbau einige Kräfte wieder abnimmt und der betreffenden mangelhaft vertretenen Kunst neu zutheilt. — Unglaubliche Einfalt! Als ließe sich aus jedem vom Pflug genommenen Bauerjungen sofort ein brauchbarer Kunsttischler machen, oder als ließe sich ein Jeder dazu jedenfalls langsam heranbilden und als wäre dann zu der Zeit, da der Kunsttischler fertig sein würde, nicht vielleicht schon wieder eine ganz andere Standesvertheilung nöthig.

In gewissen Nothfällen derart meint Fichte, könne man auch durch Aussetzen von Geld-Prämien, namentlich auch zur

Heranziehung von Technikern und Künstlern aus dem Ausland auf die wünschenswerthe Ausgleichung einer falschen Ständevertheilung hinwirken. An die Möglichkeit, daß das Ausbieten solcher Geld-Prämien einmal nicht ziehen könnte, wie ja heutzutage das Aussetzen von Stipendien den Theologenstand nicht füllt, oder an die Möglichkeit, daß das Ausland den Zuzug seiner Techniker und Künstler wirksam verbieten könnte — glaubt Fichte nicht, und zwar aus dem wenig edeln Grunde, weil er an die Unwiderstehlichkeit des Geldes glaubt. „Geldverheißung" — sagte der gestrenge Sittenlehrer einmal — „siegt über jedes Verbot." — Wir denken edler vom Menschen. Nur den unedeln Kreon ließ ein Sophokles sagen: „giert doch der Seher ganzes Volk nach Golde nur", nur einen namenlosen Maler Conti ließ Lessing sagen: „die Kunst geht nach Brod". — Der wahre Gelehrte und der echte Künstler geht, wohin ihn der Geist Gottes, d. h. die Kraft seiner Natur führt.

Nirgend weniger als in Fichte's Vernunftstaat könnte das Geld als Lockmittel zur Ausgleichung unrichtiger Ständevertheilung dienen, da in diesem Staate ja ein Jeder jederzeit fordern kann, durch Staatshülfe in jedem Berufe angenehm zu leben. Statt der vielleicht wirkungslosen Prämien würde der Fichte'sche Vernunftstaat doch bald wieder genöthigt sein, seine Zuflucht zu nehmen zur alleinigen Zwangsvertheilung in die Stände durch die Behörde.

Diese Zwangsvertheilung zieht ferner natürlich als Grundbedingung eine Vorprüfung und stete Beaufsichtigung der Arbeitsleistung durch die Staatsbehörde nach sich. Und auch diese Bedingung ist unerfüllbar für Menschennaturen.

Die Geister schon gleich bei der Geburt prüfend zu erkennen und demgemäß den betreffenden Ständen zuzuweisen, wie dies Platon wolle, hält Fichte für Unsinn; dagegen nimmt er an, daß in der für Alle gemeinsamen Volksschule die verschiedenen

Talente und Begabungen sich schon rechtzeitig unterscheiden und deutlich offenbaren werden, sodaß es dann für das im Auftrage des Staates handelnde Lehrercollegium leicht sein werde, jene Berufszutheilung vorzunehmen.

Abermals eine unglaubliche Täuschung! Als ob noch kein Lehrercollegium sich über den Geist der Schüler getäuscht hätte oder als ob dies auch nur sogar selten sich thatsächlich zugetragen hätte! — Asmus Karstens wurde auf der Domschule in Schleswig für einen dummen talentlosen Jungen gehalten. Von dem Philosophen Kant versprach man sich auf der Schule, daß er ein brauchbarer Philologe sein werde, den großen Philosophen ahnte Niemand in ihm. Nach Ableistung des theologischen Candidaten-Examens gaben seine Lehrer dem Philosophen Hegel das Zeugniß, daß er ein Mensch von guten Anlagen, aber mäßigem Fleiß und Wissen, ein schlechter Redner und ein Idiot in der Philosophie sei. Selbst ein Schiller täuschte sich über den Geist Alexander von Humboldt's so sehr, daß er von ihm nichts Großes erwartete, weil ihm die Einbildungskraft fehle.

Es ist eine wahrhaft naive Voraussetzung Fichte's, mit dem Lehrercollegium seines Zukunftsstaates könne oder gar müsse sich dies anders verhalten.

Naiv ist auch seine Forderung für die Vorprüfung zum Künstlerberuf. Wessen Arbeit bei dieser Vorprüfung nicht als mindestens ebenso gut befunden wird, als die seiner bereits zugelassenen Kunstgenossen, dem soll die öffentliche Ausübung seiner Kunst so lange versagt sein, bis er bei einer zweiten Prüfung darthut, daß er das Ziel nun erreicht hat. — Wie aber nun, wenn es ihm etwa gelänge, eine Prüfungsarbeit zu liefern, die besser wäre, als die Arbeiten seiner Zunftgenossen? — Müßte dann nicht eigentlich seine Leistung den Prüfungsmaßstab bilden, müßte dann nicht eigentlich er allein die ganze Zunft bilden und müßten dann nicht von Rechts wegen alle bisher zugelassenen

Zunftgenossen von Neuem anfangen zu lernen, bis sie wenigstens ein ebenso gutes Probestück liefern könnten wie er? — Oder soll etwa der bessere Künstler seine Leistung dann herabsetzen auf das gleiche Mittelmaß Aller? Am sichersten wäre es dann, die Zunftgenossen kämen überein — Alles gleich mäßig gut — oder — was gewiß leichter wäre, gleichmäßig schlecht zu machen und der Probe-Candidat gebe sich die größte Mühe, es nur ja nicht besser zu machen. Wahrlich diese naive Prüfungsforderung Fichte's erinnert auch an eine alte Höflichkeitsregel, die ich einmal las, bei Tische dürfe Niemand früher aufstehen, als sein Nachbar. Nach dieser Regel gäbe es kein Aufstehen und nach Fichte's Forderung gäbe es im Kunsthandwerk keinen Fortschritt. — Ueberdies kennen ja Alle das Mißliche der Zunftprüfungen aus Erfahrung und wissen, daß ihr Correctiv nur die freie Concurrenz ist, die der Fichte'sche Zukunftsstaat ausschließt.

Und wie naiv ist nun gar die Prüfungsforderung für die Zulassung zum Kaufmannsstand. Kein Kaufmann soll vom Staate angestellt werden, der nicht Rechenschaft ablegt, woher er seine Waare zu beziehen gedenke. — Kaum brauchte ich hervorzuheben, daß ein Kaufmannsjünger, der glaubte im Stande zu sein, dies anzugeben und der dies thäte, ganz gewiß nicht zum Kaufmann passen würde. Der Kaufmann muß eine gewisse Freiheit haben, seine Waaren je nach Umständen dorther zu beziehen, wo sie gut gerathen sind; eine bindende Erklärung darüber bei der Vorprüfung kann er nicht geben. Und könnte sie auch in Einzelfällen gegeben werden, so wäre doch gewiß noch weniger die Staatsbehörde im Stande, bei jeder solchen Angabe ihre geschäftliche Berechtigung sachgemäß zu beurtheilen.

Die Behörde wäre dazu ebenso wenig im Stande wie überhaupt zu der von Fichte ebenfalls geforderten Beaufsichtigung aller Arbeitsleistungen, um jederzeit zu prüfen, ob auch wirklich gute Arbeit geliefert werde. Und wie sollte nun die Staatsbehörde, wenn sie einmal genöthigt wäre, eine ganze Zunft zu schließen, weil sie keine tüchtige Arbeit mehr liefert, — ein Fall, dessen Möglichkeit Fichte voraussetzt — wie sollte die Behörde in solchem Falle im Stande sein, gleich für den nöthigen Ersatz zu sorgen? Etwa wieder auf Grund der Unwiderstehlichkeit des Geldes durch Anwerben fremder oder durch rasche Kunstzucht heimischer Künstler?

Kurz — Fichte's Ständetheilung würde schon an diesen unnatürlichen Prüfungsforderungen scheitern.

Ganz ebenso unmöglich für eine Staatsbehörde ist auch die vorausgesetzte Preisbestimmung aller Dinge nach dem Kornmaß.

Wenn man auch vielleicht das Maß Korn bestimmen könnte, das zum Leben unbedingt nöthig; wie soll man auch nur entfernt die Maße Austern bestimmen, die gleich dem Maß Korn im Stande wären, das Leben zu sichern? — Von Brod allein kann der Mensch allenfalls leben, von Austern allein gewiß nicht. Und das Sattwerden hängt bekanntlich von dem Geschmack und der Verdauungskraft der Einzelnen ab. Der Lebenswerth der Dinge richtet sich nach dem relativ verschiedenen Bedarf der Einzelnen nach Gesundheit und Leben, und noch mehr ist dies der Fall, wenn sogar der Werth für die Annehmlichkeit des Lebens mit in Anschlag gebracht werden soll. Damit kommt man vollständig hinein in das Gebiet unfaßbarer Relativitäten.

Daß ein Urtheil über die Annehmlichkeit des Lebens nur relativ sein kann, sieht Fichte natürlich selbst. Er verlangt daher nicht, daß Alle absolut gleichmäßig angenehm sollen leben können, sondern nur relativ. Für den Landbauer ist eine derbere Kost angenehmer als für den Gelehrten, für den Landbauer genügt der Besitz eines reinen Sonntagsrockes, bei der Wochenarbeit müßte ein reiner Rock ihm unangenehm sein, dem Gelehrten kann alle Zeit nur eine reinere Kleidung und größere Reinheit im Hause angenehm sein.

Wie soll es nun nur menschenmöglich sein mit Berücksichtigung solcher Relativitäten das rechte Werthmaß aller Dinge zu finden? Fichte meint, es liege in dem Aufwand an Arbeitszeit. Das ist ein großer Irrthum. Der Eine arbeitet schnell, der Andere arbeitet langsam, und der Chaussee-Arbeiter, der Steine klopft, arbeitet an einem Tage gerade so lange wie ein Handwerker, der in derselben Zeit eine kunstvolle Arbeit fördert. Der Aufwand von Arbeitszeit kann nur einen sehr unsicheren Beitrag zur Werthschätzung des Arbeitsproductes liefern.

Kurz — auch diese Socialforderung Fichte's ist eine unausführbare Utopie.

Social unausführbar endlich werden auch Fichte's Vorschläge zur Sicherung seiner Staatsordnung gegen innere und äußere Störungen sein.

Sein Vorschlag, den Widerstand der einmal zu dem festgesetzten Preis nicht verkaufen wollenden Producenten durch die Concurrenz geschäftsführender Staatsmagazine zu brechen — berührt sich in gewisser Hinsicht wohl mit der Idee der vom Staate gestützten und unterstützten Productivgenossenschaften unserer modernen Socialdemokratie. Was gegen diese gilt, wird in noch höherem Grade auch gegen Fichte gelten. Jede solche Productivgenossenschaft ist am Ende Arbeitgeber, Arbeiter und Kaufmann zugleich und es liegt in der Natur des socialen Verkehrs ebenso sehr wie in der Natur des Menschen begründet, daß eine solche Vereinigung verschiedener Kräfte zu einem Ziele nur in seltenen einfachen Verhältnissen möglich sein, aber gewiß nie zu einer durchgreifenden Staatsordnung werden kann. Das widerspricht schon dem von Fichte selbst angerufenen Staatsprincip nothwendiger Arbeitstheilung. Fichte's Staatsmagazine würden zur Geschäftsführung auch Menschen brauchen, welche die Naturbehandlung der Waaren und die Verkaufsregeln für dieselben gleich gut kennen müßten und würden daher mit sicherem Erfolg gewiß ebenso wenig in die Concurrenz eingreifen, wie vereinzelte Productiv-Genossenschaften. Die Leiter jener würden sich ebenso oft verrechnen, wie die Leiter dieser.

Ganz unmöglich, aber politisch wäre doch unzweifelhaft die von Fichte geforderte natürliche Abgrenzung geschlossener Handelsstaaten. Der Staat, der zuerst diesen Abschluß versuchte, würde damit gewiß nicht wie Fichte meint, so viel Vortheil erlangen, daß sein Beispiel rasche Nacheiferung bei anderen Staaten fände, sondern er würde sich zunächst in einen unabsehbaren Krieg mit allen anderen Staaten verwickeln müssen, die doch gewiß zunächst aus diesem Abschluß für ihr Land unabsehbaren Schaden und Unordnung erwachsen sehen müßten.

Es ist auch höchst naiv, wenn Fichte meint, es werde sich beim Uebergang zu solchem geschlossenen Handelsstaate für gewohnte Genüsse leicht Ersatz schaffen lassen durch die Cultur einheimischer Producte. Das Wollgras unserer Wiesen wird schwerlich je die Baumwolle des Auslandes ersetzen können. Es ist nicht minder naiv, wenn er meint, für die Sicherung des wahrhaft Nützlichen fremdländischer Producte ließe sich am Ende auch ein dauernder Tauschhandel von Staat zu Staat durch eine Behörde einrichten. Die Bestimmung des wahrhaft Nützlichen würde ja zu endlosem Streit und zu nicht entscheidbaren Relativitäten führen. Wollte Fichte seinen französischen Medoc nicht entbehren und deshalb seine Zufuhr verstatten, so würde ein Anderer das Gleiche für Thee, Kaffee, Salz, Baumwolle, Kohle oder Holz geltend machen. Und der Staatsbehörde würde die rechte Einsicht zu solchem ausländischen Geschäftsbetrieb schwerlich von Natur beiwohnen oder durch Erziehung zuverlässig beigebracht werden können. Kurz — Fichte's geschlossener Handelsstaat ist auf Schritt und Tritt eine sociale Unmöglichkeit.

Aber selbst wenn dem nicht so wäre, würde dieser Zukunftsstaat schon sittlich der menschlichen Natur vollständig widersprechen. Selbst wenn der Zwang dieses Staates sich äußerlich ermöglichen ließe, würde er innerlich der Naturneigung des Menschen zur individuellen Freiheit vollständig zuwider sein.

Das Freiheitsbedürfniß des Einzelnen verlangt Selbstentscheidung in den wichtigsten Fragen des eigenen Lebens. Nicht, wie Fichte meint, die Freude am Risiko des ungeregelten Glücksspiels des Lebens ist es, was die Menschen zurückscheuen läßt vor solchem Zwangsstaat, sondern der in ihrer Natur tief begründete Freiheitsdurst ist es. In Fichte's Vernunftstaat wird Alles durch Zwang der Behörde gemacht, was der Mensch im freien Kampf seiner Kräfte erstreben will, die Wahl des Berufes, das Recht zu produciren oder zu fabriciren, zu handeln oder zu lehren, als Krieger oder als Beamter dem Staate zu dienen; Alles verläuft von Anfang bis zum Ende nach Vorschrift, Grenzbestimmung und unter steter Aufsicht des Staates. Selbst die Vergnügungsreisen sind in diesem Vernunfstaate verboten, Niemandem soll erlaubt sein, die eigene Langeweile in der Welt spazieren zu führen. Die Polizei richtet über Geschmacklosigkeiten und verbietet sie und schließlich soll auch Jeder stets einen Paß nach chinesischer Art mit dem eigenen Portrait tragen, um der Polizei jederzeit Rechenschaft über seine Person geben zu können.

Das ist der denkbar tollste Zwangsstaat, den die Menschennatur gewiß nicht aushalten und nicht wollen kann.

Das Bewußtsein davon dämmert bisweilen auch dem träumenden Philosophen selbst auf in der Form aufgeworfener und nicht gelöster Schwierigkeiten.

So schildert Fichte einmal den Modus der Ackerbauvertheilung. Von einem Stück Land sollen hundert Aecker auf hundert Landbauer vertheilt werden, ein Jeder soll nach gleichem Recht ein gleiches Stück erhalten. Nun aber sind die Aecker verschieden, der eine liegt nach Norden, der andere nach Süden. Mehrere Personen erheben den gleichen Anspruch auf den nach Süden gelegenen Acker; was nun? — Die Streitigen müssen sich vertragen — sagt Fichte — und durch Abrede Jedem das Seinige bestimmen. Was aber thun, wenn sich die Einzelnen nicht vertragen? — Kann der Fichte'sche Vernunftstaat dann nach gleichem Rechte eine ungleiche Vertheilung vornehmen?

Der Producent soll seine Waare nur für den staatlich festgesetzten Preis verkaufen dürfen und verbunden sein zu verkaufen; aber was nun, wenn der Producent, der von seiner Waare allenfalls leben kann, dies nicht thut? — Fichte zaudert, dem Staate das Recht zuzugestehen, den Producenten dann durch physische Gewalt zum Verkaufen zu zwingen und empfiehlt, der Staat solle durch Eintreten in die Concurrenz seinerseits auf Grund der Staats-Waarenlager den Willen der Producenten zum Verkaufen zwingen. Das ist innerlich widersinnig. Hat der Staat das Recht, auf solchem Wege den Willen zu nöthigen, so muß ihm auch das Recht zustehen, durch körperlichen Zwang über den Producenten seinen Widerstand gegen das Staatsgesetz, das den Verkauf gebietet, zu brechen. Daß Fichte vor dieser Consequenz zurückscheut, geht nur aus der im Hintergrunde seiner Seele rührenden Anerkennung des Freiheitsrechts jedes Einzelnen auf die Selbstbestimmung über das durch eigene Arbeit erworbene Sacheigenthum hervor.

Ein ander Mal wirft Fichte die Frage auf, ob denn im Vernunftstaate nicht ein Jeder doch das Recht haben müßte, sich wenigstens seinen Leinwandrock oder seine Holzschuhe selbst zu machen. Er glaubt, diese Frage genügend damit zu beantworten, daß er behauptet, das werde überhaupt nur in halbbarbarischen Staaten vorkommen können und nur dort als wünschenswerth erscheinen. Im Vernunftstaate werde ein Jeder, der etwas Besseres leisten könne, seine Kraft und seine Zeit für zu gut halten für so niedere Arbeit.

Das ist keine oder vielmehr gewiß nicht die richtige Antwort. Selbst ist der Mann, und auch der geistig Begabteste hat vielleicht gelegentlich einmal seine menschliche Freude daran, sich auch im Kleinen und Geringen selbst zu helfen. Im Fichte'schen Vernunftstaat müßte jede derartige Arbeit unbedingt zu verbieten sein. Im eigenen Hause dürfte Niemand einen Nagel einschlagen, das ist Geschäft des Schlossers oder des Tapezierers, im eigenen Garten dürfte Niemand pflanzen, das ist Geschäft des Gärtners. Niemand dürfte sich einen Knopf an seinen Rock annähen, das ist Geschäft des Schneiders. Auch dürfte sich am Ende Niemand kämmen und bürsten, denn das wäre das Geschäft des Friseurs.

Solchen Zwang hielte kein Mensch aus. Die edelsten Triebfedern menschlich freien Strebens gingen dabei zu Grunde. Ein solcher Zwangsstaat wäre das Grab der menschlichen Freiheit. Die edle Natur des Menschen wäre geknechtet und hätte das Wesen einer leblos willenlos dienenden Maschine angenommen. Fichte setzte, wie Schmoller mit Recht bemerkt, eine Maschine an die Stelle des lebenden Organismus und insofern eben irrt er wie alle Socialisten. Auf dieser schiefen Ebene aber befinden sich Alle, welche meinen, nur auf der Basis eines völlig neuen Staats- und Privatrechtes ließen sich glücklichere Eigenthums- und Besitzverhältnisse schaffen.

Wer da glaube — sagte Bamberger in der Reichstagssitzung vom 16. September — daß es möglich sei, durch die Gesetzgebung, nicht durch spontane Thätigkeit der Welt eine anders gestaltete Production, Distribution und Consumtion der Güter herbeizuführen, der befindet sich auf der schiefen Ebene des Uebergangs vom Socialismus zur Socialdemokratie. — Und gewiß mit gleichem Rechte hoben Fürst Bismarck, Benningsen und Löwe-Calbe im Reichstage hervor, daß dieser Zukunftsstaat der Socialdemokraten der unerträglichste Zwangsstaat sein müsse. Nach dem Bilde, das Hasselmann von dem Zukunftsstaate entworfen habe — sagte Löwe-Calbe treffend — müsse man sich über die Klage der Socialdemokraten wundern, daß wir in einem Polizeistaate lebten, denn was sei jener Zukunftsstaat der Socialdemokraten anderes, wo vom Staate festgestellt werde, was jeder Einzelne essen und trinken und wie er sich kleiden solle, damit die Production darnach eingerichtet werden könne und wo der Lohn nicht nach der Leistung bestimmt werde, sondern nach der Anstrengung; wo also der Schwächling, der vom Mondschein möglicherweise leben könne oder von Milch und Reis, der aber größere Anstrengungen machen müßte, um wirklich eine Leistung hervorzubringen, besser belohnt werde als Jemand mit großer Muskel- und Gehirnkraft. Der ganze Zukunftsstaat sei eine Sklaverei, in welche die Gesellschaft hineingerathen werde. -- Und ebenso treffend bemerkte Benningsen, ein solcher Staat würde eine so vollendete Polizeiadministration sein mit Beseitigung aller individuellen Freiheit, daß selbst die schwersten Zeiten des Polizeiregimentes in einem Staate keinen Vergleich mit jener Zukunft aushalten könnten. Kein Volk würde man zwingen können, den Versuch eines solchen Staates auch nur einige Jahre auszuhalten. Der schlichte gesunde Menschenverstand muß allerdings, wie Fürst Bismarck bemerkte, über die Thorheit solcher Zukunftsgedanken lachen; aber der gesunde Menschenverstand geht leider zu Zeiten bei vielen Menschen ganz in die Brüche und heutigen Tages sucht man ihn oftmals leider vergebens.

In der Menschheit kämpfen zu allen Zeiten mit einander das Freiheitsbedürfniß der Einzelnen und das Ordnungsbedürfniß des Ganzen und gesucht wird immer die rechte mittlere Ausgleichung. Fichte und der deutsche Socialismus haben sich zu einseitig auf die Seite mechanischer Regelung des Ganzen auf Kosten der individuellen Freiheit gestellt. Sie haben gewiß ein Recht darauf hinzuweisen, daß im Vergleich mit der beschränkten Staatsanschauung des vorigen Jahrhunderts das Gebiet zulässiger oder erstrebenswerther Staatswirksamkeit größer erscheint und es ist gewiß ein Verdienst Fichte's in der neueren Philosophie zuerst diese größere oder höhere Bedeutung des Staates offen anerkannt und nachdrücklich gefordert zu haben; — aber unrecht und falsch ist es, mit Fichte, Lassalle und der modernen Socialdemokratie zu meinen, darin offenbare sich der culturgeschichtliche Gang zur endgültigen vollständigen Verallgemeinerung in dieser Richtung, die alle Einzelfreiheit von dem Gesammtinteresse des Staates werde verschlingen lassen, bis dermaleinst in fernster Zukunft der Staat selbst durch Zwang zum Guten sich selbst werde überflüssig gemacht haben.

Das ist eine Verderben schwangere Utopie, deren Verwirklichung allerdings das natürliche Freiheitsbedürfniß der Einzelnen niemals dulden, deren Aufstellung aber jederzeit gefährlich sein wird, weil dies die Leidenschaft schlechter Begehrlichkeit, den Haß des Neides und die Unruhe eines falschen Glücksbedürfnisses in der Masse wachruft, der Mensch aber gar leicht unter den Menschen sinkt, wenn er die hohe Aufgabe seiner wahren Natur verkennt, die ihm in erster Linie gebietet, seine Pflicht zu thun und in zweiter Linie erst verstattet zu hoffen, daß er in menschlicher Pflichterfüllung auch sein wahres Glück finden wird. Das Glück des Lebens läßt sich durch keinerlei allgemeine Maßregel erzwingen oder sichern; das Glück des Lebens muß jeder Einzelne in treuer Pflichterfüllung seines frei gewählten Berufes für sich, seine Familie und den Staat, dem er dient, erstreben und zu finden suchen. Die Gemeinschaft kann ihm helfen, aber niemals vermag sie, das Glück der Einzelnen zwangsweise herbeizuführen.

Wer diesen ewigen Wahrheiten gegenüber das Gift solcher falschen Zukunftsideale heut zu Tage der Masse seiner Mitmenschen darbietet, der ladet deshalb eine schwere Schuld auf sich.

Fichte glaubte zu seiner Zeit ähnlichen Bedenken gegenüber besorgte Gemüther damit beruhigen zu können, daß das Volk von so hohen Ideen sich doch nur abwenden werde, denn das Volk halte doch immer nur das Bestehende für nothwendig und berechtigt. Das war kaum für seine Zeit wahr, für unsere Zeit paßt es gewiß nicht mehr. Unser Volk im Großen und Ganzen, Gebildete und minder Gebildete, jagt heut zu Tage nur viel zu sehr dem Neuen nach oder oft auch nur Dem, das neu zu sein verspricht. Und vor Allem — idealen und nichtidealen Glücksversprechungen lauschen heut zu Tage die Ohren der Menschen nur allzu andächtig zu, schlagen die begehrlichen Sinne und Herzen heut zu Tage nur allzu lebhaft und leidenschaftlich entgegen.

Und wenn solche utopischen Ideale auch nicht immer gleich die Seelen fangen — wie sie endlich doch nachklingen und nachwirken, das sehen wir bei den Idealen Fichte's. Was der Denker in einsamer Stube ausdenkt und glaubt nur vom Katheder der hohen Schule wißbegierigen Jüngern oder in seinen Schriften urtheilsfähigen Gelehrten vorzulegen, das führt dann bald der geschickte Agitator auf den öffentlichen Markt des politischen Lebens und hier werden die Ideale des Gedankens Schlagwörter verderblichen, zukunftslosen Handelns.

Das bedenkend, sollten Alle, die sich berufen glauben, vor allem Volk oder auch nur vor einem Bruchtheil des Volkes zu reden, sei dies nun auf der Kanzel, dem Katheder oder der Rednerbühne des Parlaments mit doppelter Schwere und Gewissenhaftigkeit prüfen, was sie reden. Niemals gewiß sollen sie dem Volke die fest erkannte Wahrheit vorenthalten — es giebt keine Wahrheit, die schadet; aber wohl sollen sie doppelt und dreifach prüfen, ob Das auch wirklich schon als feste Wahrheit gelten kann, was sie als solche ansehen möchten. Niemals vor Allem sollten sie sich verleiten lassen, aus Eitelkeit mit dem Reiz einer Gedankenneuheit ein leeres Spiel zu treiben. Die Wahrheit liebt stets das Einfache, wie die Natur.

Andererseits sollte auch die lesende und hörende Menge sich

nur getrost wieder etwas mehr von dem Geiste aneignen, den Fichte tadelnd als Merkmal des Volkes bezeichnet hat, von dem Geiste, der in dem Bestehenden das Nothwendige sucht, besonders dann, wenn sein Bestehen in dem ewigen Gesetz der menschlichen Natur seit Jahrtausenden begründet erscheint.

Gerade in dieser Hinsicht können wir aus unserer Betrachtung noch eine — wie mir scheint — beherzigenswerthe Lehre schöpfen. Schon im Rückblick auf Fichte sahen wir, daß die modernen Social-Utopien nicht neu sind. Der Kundige weiß überdies, daß sie schon oft in Zeiten unruhiger Gährung sich in ähnlicher Weise und stets mit dem gleichen Verkennen der Menschennatur gezeigt haben. Er denkt sofort an Platon's Idealstaat, an Thomas Morus Utopia (zu deutsch Nirgendheim), an Campanella's Sonnenstaat, an Cabet's Ikarien, an St. Simon, Bazard, Enfantin, Fourier und noch manche andere Socialisten der Neuzeit. Es gäbe nichts Nützlicheres heut zu Tage, als auch die Menge mit den Idealen dieser Männer wieder recht bekannt zu machen und vor ihr prüfend Sinn und Unsinn klar herauszustellen. Jeder würde daraus Belehrung und ein sorgloses Gemüth auch Beruhigung schöpfen. Denn klarer wahrlich ließe sich nicht darthun, daß auch in diesem Fall das Sprüchwort gilt, welches sagt, es sei dafür gesorgt, daß die Bäume nicht in den Himmel wachsen. Mit der Natur vermag der Sterbliche Vieles, gegen sie Nichts.

Die socialen Utopien haben jederzeit ungewollt einigen beschränkten Nutzen gestiftet. Platon's Idealstaat hat das durch den pelopomesischen Krieg zerrüttete Staatsbewußtsein der Griechen wieder gehoben und gereinigt, Thomas Morus Utopia ist der Werthschätzung des Bauernstandes, Cabet's Ikarien der Werthschätzung des Arbeiterstandes zu Gute gekommen. Auch Fichte's Ideale haben das deutsche Staatsbewußtsein gehoben und die Utopien unserer Socialdemokratie werden für den Egoismus der vom Glücke Begünstigten gewiß eine Mahnung sein, daß, wie Aristoteles sagte, der Besitz zwar ungleich vertheilt sei, aber die Einheit der Gesinnung den Gebrauch des Besitzes gemeinsam machen soll.

Solche gute Wirkungen haben jederzeit auch falsche Ideale gehabt. Das kann ängstliche Gemüther beruhigen, aber kräftige Geister soll es mahnen, in rechtem Gemeinsinn ihre Pflicht zu thun. Die gute Wirkung erreichten jene Ideale nie durch ihre Träger selbst, sondern nur dadurch, daß sie die rechte Gegenwirkung Anderer erzeugten. Suchen wir diese Gegenwirkung heut zu Tage nicht blos bei dem schützenden Gesetze, sondern vor Allem bei unserem eigenen gemeinnützigen Thun im Dienst von Recht und Sitte und gemeinsamer Vaterlandsliebe. Dann werden wir einer besseren Zukunft entgegengehen.

Anmerkungen.

1) Zu S. 4. Fichte's patriotische Stellung zu seiner Zeit habe ich früher ausführlich behandelt in der Schrift: Ueber Fichte's Reden an die deutsche Nation. Hamburg 1862. — Fichte's Stellung zur Politik und zum Socialismus ist bisher ausführlicher behandelt worden bei: K. Biedermann, die deutsche Philosophie von Kant bis auf unsere Zeit, ihre wissenschaftliche Entwicklung und ihre Stellung zu den politischen und socialen Verhältnissen der Gegenwart. 2 Bde. Leipzig. 1842. (im Bd. 1. S. 466 ff.). — J. H. Fichte. System der Ethik. Th. 1. Leipzig. 1850. S. 44 ff. — C. Fortlage. Genetische Geschichte der Philosophie seit Kant. Leipzig. 1852. (S. 456 ff. Verhältniß der Philosophie zum Socialismus). — K. Fischer. Geschichte der neueren Philosophie. Bd. 5. Fichte und seine Vorgänger. Heidelberg. 1869. — Bluntschli, Geschichte des allgemeinen Staatsrechts und der Politik. Seit dem 16. Jahrhundert bis zur Gegenwart. München. 1864. (Geschichte der Wissen-

schaft in Deutschland. Bd. 1.). — A. Lasson. J. H. Fichte im Verhältniß zu Kirche und Staat. Berlin. 1863. — H. Ahrens. Fichte's politische Lehren in ihrer wissenschaftlichen, culturgeschichtlichen und allgemein nationalen Bedeutung. Festrede zur Fichtefeier. Leipzig. 1862. — Ed. Zeller. Vorträge und Abhandlungen geschichtlichen Inhalts. Leipzig 1865. (Abh. 7. J. G. Fichte als Politiker — abgedruckt aus Sybel's historischer Zeitschrift. Bd. 4). — G. Schmoller. J. G. Fichte. Eine Studie aus dem Gebiete der Ethik und der Nationalökonomie — in den Jahrbüchern für Nationalökonomie und Statistik, herausgegeben von Hildebrand. Bd. 5. 1865. — Dem Interesse unserer Zeit entsprach eine neue Darstellung des Fichte'schen Socialismus, die Einiges schärfer hervorheben mußte, was die bisherigen Darstellungen zurücktreten ließen. Und vor allem schien mir eine neue durchgeführtere Beurtheiloder vielmehr Verurtheilung der Ideen Fichte's am Platze zu sein.

²) Zu S. 28. Schon in seinem System der Sittenlehre vom Jahre 1798. sagt Fichte: „Das letzte Ziel alles seines (des Menschen) Wirkens in der Gesellschaft ist: die Menschen sollen alle einstimmen; denn das ist das Einige, was ihnen gemeinschaftlich ist. Es fällt unter Voraussetzung einer solchen Uebereinstimmung weg die Unterscheidung zwischen einem gelehrten und ungelehrten Publikum. Es fällt weg Kirche und Staat. Alle haben die gleichen Ueberzeugungen und die Ueberzeugung eines Jeden ist die Ueberzeugung Aller. Es fällt weg der Staat, als gesetzgebende und zwingende Macht. Der Wille eines Jeden ist wirklich allgemeines Gesetz, weil alle anderen Dasselbe wollen; und es bedarf keines Zwanges, weil Jeder schon von sich selbst will, was er soll." (Werke Bd. 4. S. 253).

³) Zu S. 62. Den hier geäußerten Gedanken hat neuerdings auch ausgesprochen: Dr. A. Gehrke in seiner Schrift: Communistische Idealstaaten. Bremen 1878 S. 45: „Will aber die Hand, welche straft, auch bessern, so verschmähe man nicht die Socialisten mit ihren eigenen Theorieen zu schlagen. Hierzu bieten nun die Staatsromane ein brauchbares Material. Man gebe die Utopien in guten Uebersetzungen mit populären Erläuterungen heraus, die in der Form von Rede und Gegenrede die verderblichen Folgen eines socialistischen Lebens am faßlichsten darlegen werden".

Druck von J. Dräger's Buchdruckerei (C. Feicht) in Berlin.

(576)

www.ingramcontent.com/pod-product-compliance
Lightning Source LLC
Chambersburg PA
CBHW021629270326
41931CB00008B/938